KB273254

내 친구, 배형규

내 친구, 배형규

초판 1쇄 발행 2014년 6월 5일

지 은 이 박원희
펴 낸 이 윤태웅
펴 낸 곳 우리가만드는책
편   집 황교진

등록번호 제2014-14호(2014년 2월 10일)
주   소 (137-860) 서울시 서초구 강남대로 321, 대우디오빌프라임 307호
전   화 070-8200-2074   FAX   02-581-2075

책값은 뒤표지에 있습니다. 잘못된 책은 구입하신 곳에서 교환해드립니다.
ISBN 979-11-952759-1- 5 (03230)

세상을 따뜻하게 하는 책을 만들어 당신의 마음을 가치 있는 곳으로 안내합니다.

내 친구,
배형규

글·그림 박원희

"사랑하는 하나님, 형규가 지금도 많이 보고 싶습니다."

형규 친구, 원희 올림

CONTENTS

프롤로그
삽화에 관해서 _흰 국화, 붉은 국화

에필로그
순교자 배형규 목사를 사랑한 사람들

흰 국화, 붉은 국화

형규에 관한 삽화를 그릴 사람을 찾기 위해 고민하던 때 아내가 말했습니다.

"당신이 그려보는 게 어떨까요?"

"왜요?"

"네 살 막내 강은이가 그린 어설픈 그림을 보면 당신 마음이 어때요?"

"행복해요! 세상에서 가장 행복한 그림이지요."

"당신 친구 배형규 목사님도 다른 사람이 아닌

당신이 그린 삽화를 보고 가장 행복해할 거예요."

아내의 말은 나에게 삽화를 그릴 용기를 주었습니다.

내 친구 형규를 국화로 표현했습니다.

형규의 천국환송예배 때 맑은 국화 향기를
잊을 수 없었습니다.
국화꽃 앞에만 서면 형규가 생각납니다.
국화꽃이 참 예쁩니다.
형규도 참 예쁩니다.

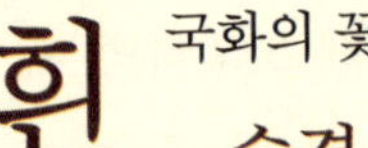 국화의 꽃말은
순결, 감사, 정직입니다.
붉은 국화의 꽃말은
사랑입니다.

국화의 꽃말은
형규의 삶을 닮았습니다.

천국환송예배 때 놓인 국화 꽃의 향기는 형규의 삶 내내
나에게 준 아름다운 향기였습니다.
어설픈 삽화 속에서 아름다운 형규의 향기가 맡아지길
용기 내어 기도합니다.
여러분의 마음 속에 형규라는 국화꽃 한 송이가
섬겨지길 소망합니다.

문자

부산에서 기차를 타고 올라오다
내 친구 형규가 보고 싶어졌어요.

손전화기를 꺼내어
형규 전화번호를 보았어요.

019-4**-75**

언젠가는 형규에게 전화가 올 것 같아
지우지 않고 두었지요.

그리고 철없는 아이처럼 말도 안 되는 기도를 드렸어요.
"하나님, 형규가 천국에서 전화 한 번 걸게 해주세요."
내 손전화기에
'형규'라는 이름과 번호가 뜨길 기도했지요.

그러나 형규라는 이름은 뜨지 않았습니다.

보고 싶은 마음에
제가 형규에게 문자를 보냈어요.

"형규야, 너무너무 보고 싶다!"

문자가 발송되었어요.
답은 없었어요.
누군가 형규 손전화기를 갖고 있었나 봐요.
하나님이 갖고 계실까요?
그러면 참 좋겠어요.
형규도 문자를 볼 수 있을 테니까요.

집에 가서 딸 희은이에게 이야기했어요.
형규 목사님에게 문자를 보냈다고요.
희은이가 말했어요.
"아빠 전화기는 신통방통하다. 천국도 통화가 가능하네!"

천국으로 통화할 수 있는 전화기가 있다면 얼마나 좋을까요?

형규를 내 가슴 속에 두기에는
가슴이 너무 아픕니다.
하루에도 형규 생각에
몇 번씩 남몰래 웁니다.

가슴에 묻어두려 했어요.
하지만 형규 생각이
그리움이 되어
내 영혼에 늘 앉아 있네요.

생각하다, 생각하다
그리움을《내 친구, 배형규》로 쓰기로 했어요.

그리움이 지워질 때까지……

형규에게 보낸 문자,
답장을 오늘도 기다려요.
형규로부터 문자가 오길
그리움으로 오늘도 기다립니다.

형규는 내게 영원한 그리움입니다.

영원한 그리움, 내 친구 형규.

샬롬, 평생 샬롬!

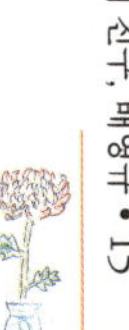

만남

인생에서 중요한 세 가지 만남이 있어요.
첫째는 부모와의 만남이지요.
둘째는 사랑하는 친구와의 만남이지요.
셋째는 아내와의 만남이지요.
그러나 이 세 가지 만남은 행복을 주기도, 불행을 주기도 해요.

우리에게 영원한 행복을 주는 만남
예수 그리스도와의 만남이 있어요.
사망에서 생명으로 옮겨진 만남이지요.

대학 1학년 때 형규를 처음 만났어요.
형규는 입 큰 개구리처럼
웃으면서 다가왔어요.
그리고 인사했어요.

"샬롬!"

형규는 아프가니스탄에 갈 때도 검지를 들고
"샬롬!" 하고 갔어요.

검지 한 손가락을 드는 까닭은 하나님과 우리는 하나,
너와 나는 하나라는 뜻이에요.

형규는 메일을 보낼 때 늘 마지막에 이렇게 인사했어요.

"평생 샬롬!"

하늘을 향해 한 손가락을 흔들며 형규에게 인사합니다.

"형규, 샬롬. 평생 샬롬!"

민족 복음화

우리 대학 시절의 꿈은
"민족의 가슴마다 그리스도를 심어
이 땅에 푸르고 푸른 그리스도의 계절이 오게 하자"였어요.

수업에 들어가기 전
잔디밭에 모여 기도로 하루를 시작했어요.
도서관에 앉으면 기도하고 공부를 했어요.
학기 초가 되면 강의실 수업시간표를 보고
일 년 강의실 전도 계획을 세웠어요.

강의실에 들어가 이렇게 외쳤어요.
"오늘 강의실은 406호로 옮겨졌으니 다들 옮겨 주십시오."
학생들이 움직이려고 하면,
"여러분, 죄송합니다. 거짓이었습니다.
그러나 잘못된 강의실에 들어왔다면 옮겨야 하듯이
여러분의 인생이 잘못된 길에 들어섰다면
그 길을 바꾸어야 합니다.
여러분의 인생을 바꾸어 주실 분,
예수 그리스도를 소개하고자 합니다.
하나님은 여러분을 사랑하시고
여러분을 위한 놀라운 계획을 가지고 계십니다."

어느 날 교내 게시판이
온통 운동권 학생들의 대자보로 가득한 걸 보고
형규와 나는 밤새
"민족 구원의 유일성, 예수 그리스도"라는 복음 대자보를 쓰고
민주광장에 붙였어요.
학번과 이름을 썼지요.

민족의 복음화를 위해 울고 전도하며
밤을 살고 낮을 사는 전도자의 삶이
우리의 삶이었어요.

제자를 낳는 평생 순장,
예수 그리스도를 전하는 전도자,
민족 복음화의 삶이 우리의 삶이었어요.

민족 복음화는

지금도 우리의 꿈이에요.

이층 침대

학교 기숙사에는 이층 침대가 있지요.
　　이층 침대의 이층은 참 싫은 곳이죠.
오르락내리락 하기 귀찮고
햇빛도 잘 들어오지 않고
누우면 형광등과도 가까워
모두가 꺼리는 자리입니다.

학기가 시작되면
기숙사 생활하는 우리는
먼저 달려가 등록을 하죠.
좋은 침대 자리를 차지하려고요.

형규도 제일 먼저 등록을 했어요.

형규는 이층침대 중 제일 좋지 않는 곳,

그 자리를 자신의 자리로 만들기 위해서였어요.

같은 방에 들어간 후배가

자기보다 먼저 들어온 선배가 있어

제일 좋은 침대는 놓쳤구나 생각을 했대요.

그런데 이층 침대에서 형규가 배시시 웃으며 나타나 말했대요.

"어서 와! 힘들지? 학교생활하기 힘들 거야.

제일 좋은 침대 쓰도록 해.

형은 학교생활에 적응이 되서 침대 이층이 좋아."

제일 먼저 등록하고 가장 나쁜 침대를 사용한 형규,

"크고자 하는 자는 섬기는 자가 되라"는

주님의 말씀을 알고 있는 친구였어요.

일등이 많은 세상,

일등을 하고서도 이등 침대칸에 삶을 꾸리는 사람들이

많았으면 좋겠어요.

이층 침대에서 배시시 웃으며 후배들에게

"힘들지?"라고 말을 건네던

형규가 많이 보고 싶어집니다.

사랑해! 형규야. 샬롬!

이층 침대를 향해 인사를 건넵니다.

사랑방

학교 다닐 때
　신앙의 친구와 후배들끼리 함께 모여 사는 방을
사랑방이라고 했어요.

사랑방은 우리 신앙의 아지트였어요.

사랑방은 형제애를 나누는 사랑의 장소였고,

사랑방은 아픔을 나누는 치료의 장소였고,

사랑방은 한 이불을 덮고 한솥밥을 먹는 장소였고,

사랑방은 불신자를 데리고 와 복음을 전하는 전도의 장소였고,

사랑방은 민족 복음화와 캠퍼스 복음화를 꿈꾸던

작전회의소였어요.

형규는 사랑방에서 신앙을 배웠고,

사랑방에서 교회를 생각했고,

사랑방에서 민족 복음화와 세계 복음화를 꿈꾸었지요.

대학 때도 사랑방을 만들고,

교회 청년 시절에도 사랑방을 만들고,

목사가 되어서도 청년을 위한 사랑 공간을 만들었어요.

개인 구원은 공동체의 구원을 경험하며 자랍니다.

형규는 공동체와 더불어 자신의 신앙이 자라는 것을 배웠고

형규와 함께한 공동체는 형규를 통해 신앙이 자랐어요.

사랑방 형제들과 찍은 사진 속에
형규가 웃고 있네요.

형규는 영원한

사랑방장입니다.

영원한 사랑

형규 가 절망의 눈빛을 나에게 보여 준 적이
단 한 번 있었어요.
형규가 제대하고 복학한 때였어요.

"원희야, 내 몸 좀 볼래?"

보여 준 형규의 몸에는 붉은 반점이 많았어요.
형규는 행군 훈련 중에 알 수 없는 피부병에 걸렸지요.

"원희야, 이런 몸으로 결혼은 할 수 있을까 하는 생각을
몇 번씩 해."

말끝을 흐리는 형규의 눈빛엔 절망이 가득했어요.
형규가 평생 보여 준 단 한 번의 절망의 눈빛이었죠.
아프가니스탄의 마지막 삶의 순간에도
그런 절망의 눈빛은 하지 않았으리라 생각해요.

형규의 피부병에는 약이 없었어요.
몸을 청결하게 유지하고 잘 먹어야만 병세가 호전되는
난치병이었지요.

그런 형규가 병장으로 있을 때였어요.
부대 앞으로 후배가 자대배치를 받았단 이야기를 들었어요.
형규는 병장 월급을 모으기 시작했어요.
잘 먹어야 하는 형규가…….

그리고 외출증을 끊어 이등병이 있는 후배 부대로
면회를 갔지요.
후배는 부모님이 첫 면회를 온 줄 알고 나갔대요.
면회실엔 까맣게 그을리고 입 큰 형규가 웃으며 앉아 있더래요.

이런저런 이야기를 하고
형규는 후배를 위해 기도 해주었지요.
그러고는
주머니에서 뭔가를 꺼내 그 형제의 손에 쥐어 주었대요.
그것은 형규가 모은 병장 월급…….

"신병이어서 먹고 싶은 게 많을 거다. 선물이야."

형규는 웃으면서 부대로 돌아갔대요.

자신의 몸이 아프면서도
후배 형제를 위해 병장 월급을 모은 형규.

참 사랑은
　　있는 것을 주는 것이 아니에요.

참 사랑은
　　내게 너무나 소중한 그것을 주는 거예요.

참 사랑은
　　주님으로부터 오는 사랑이에요.

형규가 순교한 후,
그 형제는 눈물을 흘리며 형규의 이야기를 해주었어요.
참 사랑은 세월이 흘러도
잊히지 않고 우리 가슴에 남는 영원한 사랑이에요.

형규^{는 우리에게}

영원한 사랑^{이에요.}

한 번 더

내 친구 형규가 나에게 싫은 소리를 딱 한 번 했지요.
그 싫은 소리는
"한 번 더"였어요.

사랑방에서 형규와 같이 살았을 때예요.
형규가 나를 가만히 보더니
"원희 넌 다 좋은데 한 번 더가 없어"라고 했어요.

한 번 더…….
무슨 말인지 친구인 저도 금세 알았죠.

남에게 도움을 줄 때도 남은 돈에서 주지 말고
한 번 더 나의 것을 주라는 것이죠.
후배를 도울 때도
한 번 더 도우라는 것이죠.
한 번 더 희생하라는 뜻이죠.

형규에겐 '**한 번 더**'가 있었는데
저에겐 '**한 번 더**'가 없었어요.

형규가 하늘나라 간 후
'한 번 더'는 내 영혼에 피멍이 되었어요.

형규에게 있는 한 번 더.
형규의 죽음으로 내 영혼에 심겨졌어요.

'**한 번 더**'

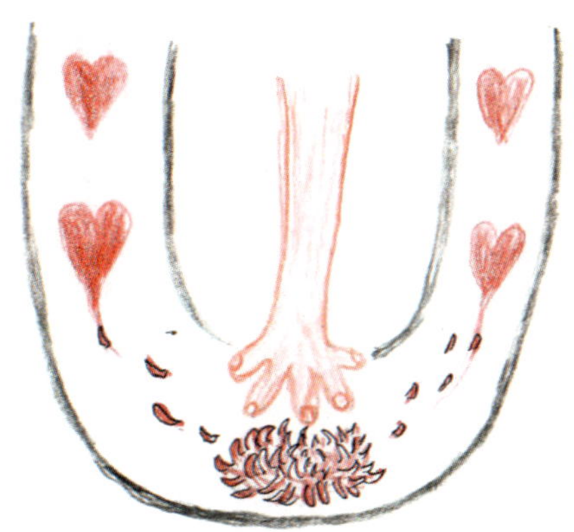

형규의 은혜의 방편, 피부병

내 친구 형규가 군복무 중일 때였어요.
병장에 진급한 지 얼마 안 있어 피부병이 생겼어요.
몇 군데 동네 병원을 다녔지만 알 수 없는 병이라고 하여
종합병원에 갔대요.
입원하여 치료받으라고 했어요.
피부병으로 국군통합병원에 99일을 입원했지요.
원인을 알 수 없고 특별한 치료법이 없는 병.
자연 치료로 낫기도 하고 평생 달고 살기도 하는 병.
밤이 되면 가려워 잠자리에서 무의식적으로 긁느라
온몸에 피가 터지는 병이었어요.

잠자리에 들 때면 목장갑을 끼고 잤대요.
목장갑을 낀 채로 긁으면 몸에 핏덩이가 덜 지니까요.
목장갑을 끼고도 긁으면서 자니까 목장갑을 서너 개씩
끼고 잤대요.
그래도 긁으니까 나중엔 손을 묶고 잤대요.
가려우니까 비틀거리며, 잠에서 깨어나길 여러 차례였지요.
30분에 한 번씩 깨어 하룻밤에 열대여섯 번을 깨서
아침에 일어나면 잠을 잔 것이 아닌 상태였어요.
그래서 늘 잠들기 전 형규는 기도했대요.
"하나님, 자다가 깨지 않도록 해주세요.
잠 푹 잘 수 있게 해주세요."

어느 날 아침에 일어났는데 두 번밖에 안 깨어서
형규는 너무 기뻤어요.
형규는 연병장에 나가 반 실성한 사람처럼
손을 들고 돌아다니며 하나님을 찬양했어요.

"하나님은 살아계십니다. 할렐루야!"

눈물을 흘리며 찬양하며 연병장을 미친 사람처럼 돌았어요.

다시 저녁이 되었는데 머릿속에 갑자기

이런 생각이 들었다고 해요.

"내가 뭐 때문에 그렇게 좋아했지?

내가 여태껏 살면서 아침에 그냥 일어났던 적이 몇 번이야!

늘 저녁에 자고 아침에 별 탈 없이 일어나지 않았나?

그렇다고 해서 내가 감사하며 미친 듯 찬양한 적이 있었던가?"

형규는 그때 알게 되었다고 해요.

평범한 것이 평범한 것이 아니라

하나님의 은총이며 은혜라는 사실을…….

모든 것이 하나님의 은혜라는 사실을…….

형규는 피부병을 자기에게 주신 '은혜의 방편'으로

받아들였어요.

교만하지 않고 겸손하도록 만드는 하나님의 은혜의 방편(도구),

형규는 아프가니스탄 단기선교를 갈 때마다

이 은혜의 방편을 갖고 갔어요.

잘 씻어야 덜 가려운 병임에도

잘 씻을 수 없는 선교지로 떠났지요.

그래도 그 가운데 주시는 하나님의 은혜가 있으리라
생각했던 것이지요.
모든 곳에 계신 하나님의 은혜를 기대한 거에요.
형규의 젊은 날을 괴롭힌 피부병,
그것을 형규는 은혜의 방편으로 받아들였어요.

고난에 처하든
부유에 처하든
높음에 있든
낮음에 있든
우리에게는 모든 것이 은혜의 방편이에요.
그리하여
그리스도인은 모든 것을
하나님으로 인하여 감사할 수 있는
사람들이지요.

형규의 **은혜의 방편**은
몹시 괴로운 피부병이었어요.

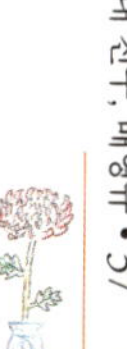

깜짝 파티

형규는 늘 깜짝 파티를 해주길 좋아했어요.
힘들고 어려운 지체들을 위로하고 격려하는 서프라이즈를
좋아했지요.

동역하는 목사님이 지체부자유 자녀
를 얻게 되었을 때
함께 만나자는 약속을 하고
청년들과 깜짝 파티를 열어 격려해 주었죠.

사랑방에서 함께 생활할 때는
생일을 맞이한 친구들,

기념될 만한 일을 겪은 친구들을 위해 잊지 않고
꼭 깜짝 파티를 해주었어요.

그래서 저도 깜짝 파티를 좋아해요.
누군가 합격을 하면 파티를 해주고 싶어요.
합격한 사람이 한 턱 내는 것이 당연하지만
그 기쁨을 누린 자가 더불어 기뻐하며
깜짝 파티를 연다는 것은 더 좋은 일이잖아요.

그의 기쁨이
나의 기쁨이 되는 것,
그의 슬픔이
나의 슬픔이 되는 것,
깜짝 파티가 주는 놀라움이에요.

크리스마스가 다가옵니다.
깜짝 파티를 해보세요.

아 내를 위해
남편을 위해
친 구를 위해
동료를 위해
자 녀를 위해
즐거움과 슬픔을 준 모든 사람을 위해
깜짝 파티를 해보세요.

메리 크리스마스입니다.
지혜와 사모님에게도 메리 크리스마스입니다.
형규 아버님, 어머님께도 메리 크리스마스입니다.

형규를 오해했던 사람들에게도 메리 크리스마스!
형규를 잊지 못하는 사람들에게도 메리 크리스마스!
아프가니스탄 땅 위의 사람들에게도 메리 크리스마스!
모두에게 메리 크리스마스입니다.

주님의 깜짝 파티가 올해 크리스마스에
모든 사람에게 있길 기도합니다.

메 리   크 리 스 마 스 !

나룻배

> **"우** 리는 나룻배 인생입니다.
> 나그네를 태워다 주고
> 텅 빈 배로 돌아오는 나룻배처럼
> 사람들을 예수께로 인도하고
> 텅 빈 인생으로 돌아오는 나룻배입니다.
> 우리는 나룻배 인생으로 살아가야 합니다." (〈형규의 광세〉에서)

형규와 제 대학 시절

한국대학생선교회 주보의 이름이 '나룻배'였어요.

그 나룻배처럼 살자고 둘이 약속했죠.

사람들을 예수께 인도하고

텅 빈 배로 돌아오는 나룻배처럼…….

그래서 제가 하는 직장성경공부 모임 이름을
나룻배라 부르고 있어요.
세상 한 가운데 나룻배가 되어 사람들을 그리스도께 인도하고
텅 빈 배로 돌아오는 나룻배가 되길 원하는 마음에서죠.

어제 한 교회에서 저희 선교회에 배를 기증했어요.
형규를 기념하기 위해 나룻배라 부르려고 하다가
사람들이 어울리지 않는다고 하여
'등대호'라 지었어요.

출 애굽기의 언약궤를 비추는 '등대'처럼
　　낙도의 영혼들에게 그리스도의 보혈을 비추는
등대가 되라는 뜻이에요.

나룻배라 부르지 못해 아쉬움은 있지만

그 배를 보며

나룻배로 살아가고자 했던

형규를 생각할래요.

나룻배, 우리 인생입니다.

기도

대학 시절 형규는
무슨 일이 있으면
공중전화 박스로 달려갔어요.
그리고 어디론가 전화했어요.

"뭐 했니?"
"부모님께 기도 부탁했어."
"너희 집은 기도 부탁하면 다들 모여 기도하니?"
"응, 우리 집은 누구든 기도 부탁을 하면 다들 하던 일을 중단하고
기도해."

형규의 집, 제주시에 있었어요.
방학 때 형규 집에 놀러갔을 때예요.
아침을 먹고 나서는데 잠시 해야 하는 일이 있대요.

가족들이 다 모였어요.
아버님이 산상보훈을 암송하시고
가족들이 기도하기 시작했어요.
대통령부터 교회 집사님까지 이름을 부르며 기도했어요.

저는 알게 되었어요.
형규의 비밀을.

형규는 머리가 좋은 학생이 아니었어요.
그러나 대학 4년 전액 장학생이었어요.
어떻게 된 일이냐고 물으면 말했어요.
"시험 치기 전에 기도를 많이 했어.
가난해서 장학금을 받지 않으면 안 되니……."

형규에게는 늘 은혜가 있었어요.

사람의 힘으로 설명할 수 없는 은혜,

사람의 능력으로 넘어갈 수 없는 은혜,

형규의 삶에는 늘 은혜가 있었어요.

그 은혜가 바로 기도란 걸 알았어요.

저도 형규에게 배워서

무슨 일이 있을 때마다

아내와 아이들에게 기도 부탁을 하고

기도를 해요.

형규는 아프가니스탄에서 기도를 했겠지요.

저도 형규를 위해 기도했어요.

형규 가족들도 형규를 위해 기도를 했지요.

한국 교회도 형규를 위해 기도했지요.

전 세계 선교사님들과 세계 교회도 기도를 했지요.

하늘에 계신 주님도 기도했지요.

그 기도의 응답이 순교예요.

인간에게 줄 수 있는 하나님의 최고 선물, 순교.

그 하나님의 선물이 기도로부터 왔네요.

형규가 순교자가 된 것은
여러분의 기도 덕분이에요.

형규의 기도,

그리움이 되어
오늘도 머무네요.

송구영신예배

형규 가족은 송구영신예배 때 회개기도를 늘 했죠.
〈형규의 팡세〉에 있는 글을 옮겨 볼게요.

"우리 가정의 송구영신 예배는
아버님의 회개 고백으로 시작된다.
처음에는 참 싫었다.
남에게 말하기 싫은 은밀한 죄들까지
고백해야 했기 때문이다.
그러나 아버지께서 먼저 회개의 고백, 참회의 고백을 하시기에
우리는 어쩔 수가 없었다.

한 해를 돌아보며 하나님께 지은 죄를 가족에게 고백하면서

나는 하나님의 은혜로 우리가 살아가는 것을 가슴 깊이 느꼈다.

나 같은 죄인을 용서하시고 사랑하신 은혜를……"

가족 앞에서 드리는 참회,

성공을 축복이라 여기는 한국 교회의 모습과 달리

형규네 가정은 참회를 통하여 하나님 은혜를 누렸네요.

성공은 경쟁을 낳지만

참회는 은혜를 노래하며

하나님 사랑의 빛을 깊이 새기지요.

저도 송구영신 예배 때 가족들 앞에서 죄를 고백했습니다.

저의 죄는 형규 가정을 깊이 사랑하지 못한 것이에요.

내 친구 형규,
　　둘도 없는 친구지만

사모님과 지혜,

그리고 나의 아내, 희은, 시은이가
깊은 교제와 사귐을 갖게 하지 못한 것을
회개합니다.
그리고 그 은총을 구합니다.

하나님의 사귐

이 형규와 저를 이어 저의
자녀들에게도 있게.

형규를 하나님이 그렇게도 일찍 데리고 가실지 저도 몰랐어요.
언젠가,
언젠가,
가족끼리 만나 사귐을 갖자고 마음으로 몇 번씩 생각은 했지만
그 사귐을 이루지 못했어요.
형규가 하나님 나라로 간 후,
이제 그 일은 점점 더 어렵고 힘들게 느껴지네요.
회개합니다.
진심으로 사랑하지 못한 것을…….

그리고 올 한 해 가장 감사한 일은
순교자 친구를 선물로 주신 거예요.

처음에 형규가 탈레반의 인질이 되었을 때
오직 한 가지 내용으로만 기도했어요.

"살려 주세요. 하나님, 제발 살려 주세요."

다른 생각은 없었어요.
아니, 다른 생각이 제 머리에 들어올 여지가 없었어요.
구해 달라는 기도 외에는.

제 기도를 들어주지 않으시고
하나님은 형규를 데리고 가셨죠.
그리고 형규가 순교하기 전날,
영혼 속에 형규가 하나님께로 갈 것이란 음성이 있었어요.
그러나 그 음성조차도 듣길 싫어했어요.

형규가 순교한 후
제 마음 속에 우리가 다
그리스도를 위해 죽기를 각오해야 한다는 사실을 알았어요.
형규를 통해 하나님이 주신 선물이에요.

형규는 내 평생의 감사예요.

오늘 밤, 한해의 마지막 날,
가족 앞에 참회하는 아버지, 어머니, 아들, 딸들이 되세요.
은밀한 죄까지 주님 앞에 고백하며
서로를 미워한 모든 죄를 서로 용서해 보세요.

참회는 하나님의 사랑을 영혼까지 스며들게 하는
피조물의 고백이에요.

순례자의 노래 1

"**저** 멀리 뵈는 나의 시온성 오 거룩한 곳 아버지 집
내 사모하는 집에 가고자 한 밤을 세웠네
저 망망한 바다 위에 이 몸이 상할지라도
오늘은 이곳 내일은 저곳 주 복음 전하리"

순례자의 노래!

형규와 제가 좋아하던 복음성가에요.
형규와 저는 대학생선교회에서 만났고
여름철 미루나무 수련회가 끝나면
거지순례전도를 떠났죠.

1. 거지는 체면이 없다.

2. 거지는 주는 대로 먹는다.

3. 거지는 만나는 사람마다 친구다.

4. 거지는 항상 히죽히죽 웃는다.

5. 거지는 눕는 곳이 안방이다.

6. 거지는 우주의 왕자요 공주다.

7. 거지는 내일을 걱정하지 않는다.

8. 거지의 지참금은 왕복 차비만이다.

9. 거지는 한곳에 오래 머무르지 않는다.

10. 우리는 하나님의 복음과 생명을 전하는
    거룩한 거지이다.

이런 고백으로 순례자의 연습을 거지순례전도를 통해 하였죠.
순례자, 나그네, 나룻배.
형규와 제 영혼의 단어들이에요.
하나님의 단어들이에요.
믿음의 단어들이에요.

순례 길을 마치고 아버지 품에 가는
형규에게 불러 준 마지막 찬양도 이 노래였어요.
샘물교회 청년들이 불러 주었죠.

우리는 나그네……
우리는 순례자……
우리는 나룻배……
형규는 순례자처럼 살다가 순례자처럼 갔어요.
저도 순례자로 살다가 하늘 아버지께 가겠어요.

우리 학창 시절,
그 영혼의 단어, 그 영혼의 고백이
우리 영혼의 근원이 되고 고향이 되어
우리를 이끌어 영원한 낙원에 서게 할 거예요.

오늘,

우리 민족의 섬으로 신학생들과 단기선교를 떠나요.

1월 13일 밤 12시에 출발하여

19일 새벽에 돌아와요.

밤차를 타고 갔다 새벽에 밤차를 타고 오는 일을

22년 동안 해오고 있어요.

눈이 10센티미터나 와도 쿨쿨 자는 학생들을 보면서

밤을 꼬박 샌 적도 많아요.

잠자는 학생들을 보고 배짱이 좋다고 생각했어요.

불침번으로 세워 놓은 학생들도 자고,

때론 운전수도 잠을 자는 아찔한 순간도 있었어요.

그때마다 "아저씨!" 하고 깨웠죠.

눈에 차가 미끄러진 적도 있어요.

그런데 학생들은 모르죠. 다들 자니까요.

밤을 이용하여 가고
밤을 이용하여 돌아오는 까닭은
한 가지뿐이에요.
주민들과 시간을 많이 보낼 수 있도록 하기 위해서지요.
새벽에 도착해야 첫 배를 탈 수 있고,
또 섬에 한 번 들어가는 배를 놓치면
다음 날 그 섬으로 들어가야 하기 때문이죠.

　　　여름엔 300명 이상 되는 학생들
　　　겨울엔 130명 정도의 학생들이
　　　오고 가요.

여기저기서 모은 학생들,
학교도 다르고 교회도 다르고
다들 다른 곳에서 온 학생들이
참여한 동기는 한 가지에요.
이름 모를 사람들
버려진 민족의 영혼들에게

상처받은 영혼들에게
그리스도의 사랑과
그리스도의 십자가 복음을 전하기 위해서예요.

단기선교가 끝나면 각자 흩어지죠.
어디서 사는지
무엇을 하며 사는지 모르는
무명의 용사들이예요.

저도

가끔 그만두고 싶을 때가 있어요.
겁이 나서요.

언젠가 외항선을 탔던 분을 만났는데
그만둔 까닭에 대해 짧게 말해 주셨어요.
"바다가 무서워요."
저도 외항선에서 내린 분처럼
그만 내리고 싶을 때가 있어요.

그러나 하나님이 내리라고 하시기 전에는 내릴 수 없어요.
제가 탄 배는 외항선이 아니라
십자가 복음이 든 복음선이기 때문이며,
사람을 구원해야 할 생명선이기 때문이죠.

왜 두렵지 않겠습니까?
늘 하나님께 은총을 구해요.
버스를 타기 전 몇 번씩 나의 죄는 없는지,
회개할 것은 없는지 기도하죠.
용서도 구하고,
회개도 합니다.
선교는 마음을 청결케 한다는 사실을 늘 배워요.

선교는 목숨 걸고 하는 것은 아니지만
선교 가운데 고통과 희생이 있는 것은 당연한 거예요.

아버지께서 아들을 내어놓으심을 통해
그리스도께서 자신을 내어드림을 통해
하늘 영광이 민족과 열방 가운데

물이 바다 덮음같이

가득하였듯

우리의 내어드림은 마땅하죠.

순례자로 살기로 작정한 사람에게
내어드림은 마땅해요.

형규의 내어드림,
마땅합니다.
저의 내어드림도 마땅합니다.
애매한 고난이 아니라
십자가의 고난이 되길
십자가의 내어드림이 되길
하나님 은총 앞에 기도해요.

오늘따라 겁이 나는군요.
형규가 없어서 그런가 봐요.
순례자의 노래를 부르겠어요.

"저 멀리 뵈는 나의 시온성 오 거룩한 곳 아버지 집
　　내 사모하는 집에 가고자 한 밤을 세웠네
저 망망한 바다 위에 이 몸이 상할지라도
오늘은 이곳 내일은 저곳 주 복음 전하리"

여러분도 불러보세요.
순례자의 노래.
우리 모두는 순례자예요.

순례자 예수 그리스도,

순례자 형규,

순례자 원희,

순례자 당신.

거지순례전도

때 우리는 돈 한 푼 없이 순례를 했죠.

복음을 전하고 그리스도를 영접한 집에 기거하며
그에게 하나님에 대해 알려드리고 다음 날 또 길을 떠났지요.

거지순례전도 때 가장 인기 있는 체험은 당연히 먹는 것이죠.
바나나를 먹었다.
영지버섯 꿀을 먹었다.
아침이 되면 먹는 기도부터 하지요.
기도하면서 메뉴도 고르고 디저트도 선택하지요.

쉴 처소를 얻지 못해
떨어지는 별을 지붕 삼아
들판에 앉아 찬양하기도 합니다.
반딧불을 보면서 어두운 시골길을 마냥 걸으며
찬양하기도 합니다.
외로움보다
두려움보다
하나님의 동행하심을 느끼기 때문이죠.

"저 멀리 뵈는 나의 시온성 오 거룩한 곳 아버지 집
내 사모하는 집에 가고자 한 밤을 세웠네
저 망망한 바다 위에 이 몸이 상할지라도
오늘은 이곳 내일은 저곳 주 복음 전하리"

우리는 거지순례전도를 통해
복음의 순례자, 나그네의 삶을 연습했지요.
내 친구 형규가 경험한 연습 하나 소개하지요.

형규 녀석이 거지 대장이 되어
지체들을 데리고 순례할 때였어요.
노을이 질 무렵 작은 마을에 도착했어요.

'이 마을에서는 복음을 전하지 말아야겠다.
묵을 만한 곳도 없고 밥 줄 곳도 없을 것 같아.'
그리고 지체들을 데리고 다음 마을로 갔지요.
다가오는 핍박, 문전 박대…….
이 마을 저 마을로 도망치듯 가야 했어요.
거지전도팀은 울상이 되었죠.

"하나님, 제발 살려주세요."

밤 11시, 기거할 데는 없고 어디로 가야 하나요?
멀리서 불빛이 보이는 마을!

"그래, 저 마을이 마지막이다.

저 마을마저 아니면 들판에서 자는 거야.
이슬을 맞으면서……."

그런데 그 마지막 마을 주민들은
기쁘게 환영해 주며 복음을 받아들였지요.
"하나님, 감사합니다."
안도의 한숨을 쉬고 잠이 들었지요.

다음 날 아침,
마을을 보면서 놀랐지요.
바로 처음에 들어가길 포기했던 그 마을이었죠.
마을을 돌아돌아 그 마을에 다시 온 거예요.
거지순례전도팀들이 다 모여 회개기도를 하였죠.
"하나님, 저희 마음대로 판단하고 생각한 것을 용서해 주세요."

거지순례전도를 하면
내일 일의 염려가 없어져요.
그날 하루하루의 삶만을 하나님께 맡기고 살아가요.

우리는 주인 있는 순례자라는 거예요.

그래서 내일 일을 염려하지 않고

묵묵히 주인이 시킨 일을 해나가며

하루 일에 족한 삶을 사는 나그네라는 거지요.

소유, 학력, 명예, 위치, 염려, 걱정……
이런 단어는 순례자와 어울리지 않아요.

순례자는

길 떠날 채비만 되어 있으면 족한 인생이지요.

우리는 나그네, 순례자,

하나님의 순례자입니다.

순례자의 노래를 불러 보세요.

순례자의 노래 3

보초 근무를 나간 병사는 내무반에
들어가기를 원할 것입니다.
그러나 자신의 임무를 감당해야 하기에
근무지를 떠나지 않는 것입니다.
그리스도인이 이 땅에 사는 이유는 소명 때문입니다.
이 땅에 있으면서 하나님의 뜻을 이루며 사는 것입니다.
반면에 보초근무를 서는 곳을
영원한 안식처로 생각해서는 안 됩니다.
돌아갈 본향을 기억하고 있어야 합니다.
이 땅의 나그네로 생각해야 합니다.
이 땅이 끝이 아닙니다.

죽음이 끝이 아닙니다.
우리 주님이 부활하셨습니다.
우리도 부활할 것입니다. (〈형규의 광세〉에서)

우리는 순례자
　돌아갈 집이 있는 순례자입니다.
형규는 순례의 길을 마치고
먼저 아버지 집에 도착한 거죠.

형규야!
나도 이 순례의 길을 마치고
아버지 집에 갈께.

너의 말대로
주께서 주신 소명, 하늘의 뜻
이곳에 이루고
순례의 길 마치고
널 보러 가마.

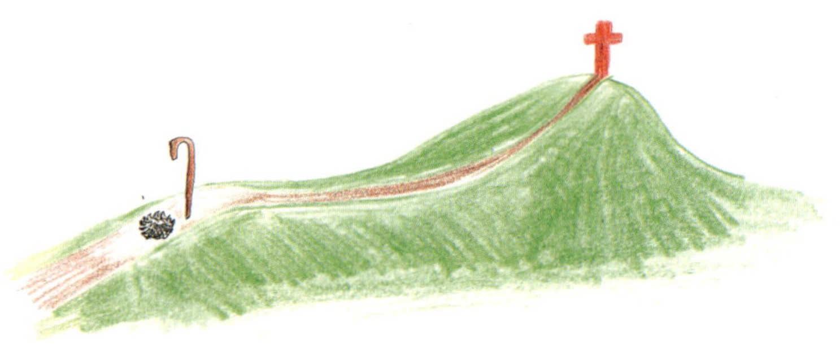

우리가 학창 시절,
거지순례전도의 길을 각각 떠난 뒤에
마치고 다시 본 것처럼

그 순례의 길이 얼마나 은총이었고 큰 행복이었는지
나누었던 것처럼
순례의 길 끝나고 보자꾸나.
그때까지 기다려!

웨스터민스터 사원

대학을 졸업하고
형규와 사십삼 일 해외 배낭여행을 한 적이 있어요.
티격태격 다투기도 했어요.
친구란 다투며 정들기 마련이죠.

형규는 영국 런던에 있는 웨스터민스터 사원에 가길 원했어요.
양화진에 있는 헐버트 선교사의 묘비명 때문이었지요.

**"나는 웨스터민스터 사원에 묻히기보다
한국에 묻히고 싶다."**

형규는 목사님 설교를 통해 들었다며 말해 주었어요.
웨스터민스터 사원은 아무나 묻히는 곳이 아니래요.
영국을 위해 위대한 업적을 남긴 사람만 묻히는 곳이래요.
아이작 뉴턴도 작위를 받고서 묻혔다나요.

벤 존슨이라는 푸줏간 주인이 있었는데,
돈을 많이 벌어 억만장자가 되었답니다.
그는 웨스터민스터 사원에 묻히길 원했답니다.
그래서 전 재산을 헌납하기로 하고
사원에 묻어 달라고 요청했답니다.
웨스터민스터 사원은 그의 요청을 받아들였대요.
대신 그를 묻었는데 세워서 묻었답니다.
그래서 그의 무덤은 A4용지 한 장 크기라고 해요.
저도 보고 싶었어요. 벤 존슨의 무덤을요.

형규랑 웨스터민스터 사원에 갔어요.
정말 벤 존슨의 무덤이 있었어요.
종이 한 장 크기도 맞았고요.
그가 정육업에 종사한 것도 맞고요.

그런데 그의 기부금 때문에 거기 묻힌 것인지는 확인되지 않았죠.
벤 존슨의 무덤에서 그래도 우리는 감격했어요.
"나는 웨스터민스터 사원에 묻히기보다 조선에 묻히고 싶다"는
헐버트선교사의 묘비명이 마음에 울렸기 때문입니다.
선교사들의 조선 사랑이 하나님 사랑이란 사실을
확인했기 때문이었어요.
우리 눈에는 아이작 뉴턴의 무덤도,
처칠 경의 무덤도 들어오지 않았어요.

웨스터민스터 사원에서
양화진에 묻힌 헐버트 선교사의 묘비명이 우리 마음에 보였어요.
모든 것을 버리고 그리스도를 위해
죽는다는 것이 무엇인지를 알려주었기 때문이에요.

형규는 늘 책상 위에 이런 글을 적어두었어요.

"온전한 헌신은 마지막 것을 드리는 것이다."

형규의 무덤은 아직 이 세상에 없어요.

형규의 시신은 서울대병원에 기증되었고
그의 몸은 한 줌의 가루가 되어 아직 묻히지 않은 채
보관되어 있어요.

형규는 마지막 것까지
하나님을 위해 드리고 갔어요.

형규의 웨스터민스터 사원은
땅에 있지 않아요.
천상에 있어요.

형규랑 다시 가보고 싶어요.
　　　웨스터민스터 사원에요.

칼빈의 무덤

형규와 둘이서 유럽 배낭여행 중에
우리는 종교개혁지를 꼭 보자고
약속했어요.
제네바에서 칼빈의 집, 제네바교회 등 여러 곳을 둘러보았어요.
그러다가 칼빈의 무덤이 보고 싶어졌어요.
만나는 사람들에게 서툰 영어로
칼빈의 무덤이 있는 곳을 물었죠.
급히 뛰었어요.
퇴근시간이면 문을 닫는 것이 이곳 사람들의 삶인 것을
경험했기 때문이죠.

칼빈의 무덤은 제네바의 작은 공동묘역에 있었어요.

묘역의 문은 잠겨 있었어요.

담장을 넘었어요.

그리고 관리사무소를 찾았어요.

묘역 관리직원이 퇴근할 무렵이었어요.

더듬거리는 영어에

우리의 갈급함을 담아 호소했어요.

"우리는 한국에서 왔어요.

비행 시간만 13시간이 걸려요.

그 긴 비행 시간을 감수하고 제네바에 온 이유는

딱 하나, 칼빈 무덤 보려고요.

우리는 지금 못 보면 영영 못 봐요.

아저씨 제발……."

묘지기 아저씨가
시계를 보면서 말했어요.

"좋아, 칼빈의 무덤은 칠백칠 번 무덤이야.

나 퇴근시간 얼마 안 남았으니 빨리 보고 와."

우리 둘은 뛰었어요.

그 묘지를 보았죠.

칠백칠!

믿기지 않았어요.

묘비도 하나 없고

나무 한 그루 달랑 심어 놓은 묘지.

"설마……."

믿기지 않았어요.

"뭔가 잘못됐어. 우리가 잘못 들은 거다.

서툰 영어 실력이 일을 내었어."

다시 묘지기 아저씨에게 갔어요.

아저씨는 우리를 기다리다 퇴근했죠.

묘역 사무실 앞에는 무덤 주인 이름과 번호가 있었어요.

칠백칠.

존 칼빈.

다시 보고 또 보아도 칼빈의 무덤이 맞았어요.

우리는 의문투성이가 되었죠.
위대한 종교개혁가 칼빈의 무덤이 왜 이토록 초라한가?
그리고 그 묘지 앞에서
말할 수 없는 서글픔과 거룩함을 함께 느꼈어요.

서울로 돌아와 우리는
칼빈의 생애를 기록한 책을 다시 찾아 읽었죠.
그가 죽으면서
"하나님이 하신 일이니 하나님 외에
그 어떤 것도 영광스럽게 할 수 없다"고 고백한 문장을
다시 발견했어요.
그리고 자신의 무덤에는 어떤 기념물도 남기지 말 것을
부탁했다는 것을!
칼빈의 후예들은 그의 유언을 따랐고
무덤에는 어떤 기념물도 남기지 않았다는군요.
혹시 무덤의 위치를 잊어버릴까 봐
그를 묻은 장소에 나무 한 그루 심는 것으로 마쳤다는 것을.
형규와 나는 그 이야기를 나누면서 다시 신성한 기운을
느꼈어요.

몇 년 전인가요.
누군가 칼빈의 무덤을 아름답게 조성했다더군요.
그리고 얼마 후 칼빈의 유언을 따르지 않았다고
어떤 제네바 시민이 기념물 철수를 시 당국에 요구했고,
법정에까지 갔다고요. 그리고 철거되었다고 해요.
사람들은 뭔가 기념하고 싶어 하나 봐요.

형규 이야기를 여기 이렇게 적을 때마다
여러 생각이 들어요.
형규 이야기를 적는 것이 하나님 앞에 옳은 것인가? 아닌가?
그래서 아내에게도 몇 번이고 물어보았어요.
무엇이 성경적이고
형규에게 도움이 되는 것인지를.
그런데 형규 이야기를 쓰게 된 것은
형규가 많이 보고 싶어서고요.
내 친구 형규의 죽음을 순교로 보지 않는 사람들 중에
그리스도인이 많다는 사실 때문이에요.
그들이 형규의 죽음을 순교로 보지 않는 이유를
저도 모르는 바가 아니에요.

그러나 순교는 마지막 죽음으로 말하는 것이 아니에요.

예수님의 십자가는

예수님의 삼 년의 공생애가 십자가의 삶이었기에

그 마지막 가상칠언 架上七言의 십자가는 더욱 아름다운 거지요.

그리고 그 십자가는

우리에게 주시는 하나님 아버지의 가장 큰 사랑이고,

예수님의 마지막 죽음은 우리에게 주시는 하나님 영광 중

최고의 영광이에요.

우리 주 예수님의 십자가는

아버지의 가장 큰 사랑이고 우리에게 준 최고의 영광이었기에

그의 마지막은 영광 중의 영광인 거죠.

형규의 죽음이 순교인 이유는

그의 마지막 죽음이 아프가니스탄에서 이루어져서가 아니에요.

그의 삶은 날마다 그리스도 안에서 죽는 삶이었어요.

그의 생애가 그리스도 안에서 죽는 삶일 때

그의 마지막 삶은 순교인 것이죠.

형규는 그런 삶을 살았어요.

내가 증인이에요.

그래서 증인이 되어야겠다는 마음으로 이 글을 쓰기로 했어요.

오늘 아침 묵상 때 이런 글을 읽었어요.
"조셉 헨리 데이비스(Joseph Henry Davies, 한국명 덕배시 · 德培時 1856~1890) 호주 선교사는 자신이 선교지로 생각한 한국의 부산에 도착한 지 하루 만에 숨을 거두고 말았다. 무리한 여행으로 천연두와 폐렴에 걸리고 먹을 것도 제대로 먹지 못한 탓이었다. 그러나 그가 죽을 때 아주 평온한 모습으로 숨을 거두었다. 마지막까지 예수님에 대하여 중얼거렸다. 이러한 그의 이야기를 듣고 호주 장로교회에서는 이후 백여 명의 선교사가 자원하여 왔다. 우리나라에 교회가 처음 세워질 때 이처럼 이름 모를 수많은 선교사와 성도들의 희생과 순교가 있었다."
데이비스 선교사의 죽음은 순교인가요? 병사인가요?
오늘 날 데이비스 선교사의 죽음을 순교라고 부르는 데
주저하는 사람은 없어요.
그의 진실을 알기 때문이죠.

저는 저의 친구 형규의 죽음을 순교라고 부르는 데
주저하지 않아요.

친구여서가 아니라 그의 맑은 영혼,
순진하도록 아름다운 신앙,
그의 고백을 가장 깊이 아는 한 신앙인으로서
조금도 주저하지 않아요.
그래서 형규와 동행하며 사귐 속에 새겨진 신앙고백을
적기로 했어요.
형규에 대한 나의 증언이, 동행의 기록들이
그리스도인들에게 읽혀서
형규의 삶이 순교임을 보여 주고 싶어요.

욕심인가요?
그러고 싶어요.
사랑하니까요.
진실이니까요.
사실이니까요.
가슴에만 담아두기엔 견딜 수 없으니까요.

그의 무덤엔 어떤 기념물도 남기지 않을 거예요.
그러나 여러분 영혼 속에
형규의 투명한 삶을 나누고 싶어요.

그 속에 하나님이
계시니까요.

동백나무

형규가 서강대학교 대학원에 합격한 후 학교에 놀러갔지요.

형규는 대학원 계단 옆으로 나를 데리고 가서는

나무 한 그루를 보여 주었어요.

동백나무였어요.

“원희야, 이 나무 이름이 무엇인 줄 아니?”

“뭐니? 동백나무 아니야?”

“이 나무 이름을 에벤에셀이라고 붙였어.
하나님이 나를 여기까지 인도하셨다는 뜻이지.
여기까지 인도하신 하나님을 잊지 않기 위해
계단 옆에 나무를 심은 거야.
학교를 오고갈 때마다
이 나무 아래에서 기도할 거야.
하나님을 영원히 잊지 않기 위해…….
원희야, 나를 위해 기도해 줄래?”
우리는 손을 잡고 동백나무에서 기도했습니다.

우리가 대학 다닐 때 늘 지키던 원칙이 있어요.
하나는 시험지에 성경적인 답안을 쓴다는 것이에요.
또 하나는 뒷면에 “사랑하는 교수님”이란 제목으로
복음 전도 내용을 적는 거예요.

형규는 대학원 시험을 칠 때도 학문적인 답을 기록한 후

"성경에는 이렇게 말합니다"라고 적었대요.

채점을 하신 분이 크리스천 교수님이었어요.

그분이 그 시험지를 보고 마음에 드셨나 봐요.

성적도 좋고 신앙도 너무 좋아서요.

형규를 부르고는 열심히 해보라고 격려하셨대요.

그리고 그 교수님은 형규에게 준 **하나님의 에벤에셀**이

되었지요.

형규의 삶에는 늘 에벤에셀이 있었어요.

형규는 에벤에셀을 기억하기 위해 동백나무를 심은 거예요.

여러분도 에벤에셀 나무 하나 심어 보세요.

어렵고 힘들 때마다 하나님의 은혜를 기억하고

에벤에셀의 하나님을 추억하는 동백나무 한 그루를

심어 보지 않으실래요?

저도
형규를 아는 사람들도
모두 에벤에셀의 동백나무를 심었답니다.

우리나라 방방곡곡
에벤에셀의 동백나무가 가득했으면 좋겠어요.
우리나라 천지가 에벤에셀이 되게요.

제 결혼식 때 형규가 사회를 보았어요.

결혼식 순서에 통성기도 순서를
넣었어요.
기도제목을 불러드리고 통성기도를 하시게끔
형규에게 당부했지요.
결혼식은 부흥회였어요.

결혼식이 끝난 후

권사님 한 분이 찾아와 사회를 본 형규를
자기 딸에게 소개해 달라고 했어요.
"제 친구 유부남이에요."

"아깝네, 참 신앙이 좋아 보이는데."

제 결혼식 비디오테이프에는 형규가 어김없이 나와요.
평생 제 친구 형규의 기도 소리를 듣고 싶으면
비디오테이프를 틀면 되지요.
그러나 아프가니스탄 이후 단 한 번도 틀지 못했어요.

우는 것이 겁이 났기 때문이에요.
형규는 지금 우리를 위해 천국에서 통성기도하고 있을 거예요.

영원한 어린 양과
우리의 결혼식 그날까지…….

커피

초겨울이에요.
　　날씨가 쌀쌀하군요.
아침에 마시는 커피는 추위를 녹여 주지요.
저는 커피를 좋아합니다.
목사니까 담배나 술은 못해요.

그래서 우울할 때나
센티멘털할 때면 커피를 마셔요.
그럼 내 영혼이 따뜻해진다는 착각 속에 있게 되지요.

내 친구 형규와 카페에 간 적이 있어요.

형규는 커피를 마시지 않았어요.
"넌 왜 커피 마시지 않니?"
나의 말에 웃기만 했어요.
그리곤 말해 주었죠.
"커피 값을 아끼려고.
끼니가 없어 굶주린 아이들에게 후원해 주려고.
지금 만 원이 없어 5초에 한 명의 어린이가
지구상에서 죽어간다고 해.
그 아이들을 생각하며 커피를 마시지 않고 있어.
그리고 원희야, 네가 커피 마시는 동안 기억하고 기도해 줘.
하나님께 내 피부병 좀 낫게 해달라고."

그런 형규를 앞에 두고 저는 커피를 마셨어요.

참 못된 친구죠.
커피 두세 잔을 아끼면
아프리카 아이 한 명이
한 달 먹을 식량이 되는데…….
커피를 마실 때마다 나는
형규 앞에 죄인입니다.

비전과 야망

여러분은 **비전과 야망**을 어떻게 구분하시나요?
내 친구 형규는 비전과 야망을 이렇게 구분했습니다.

"야망은 우리 자신의 욕심과 이기심에서 나온 것이기에

출발점과 도착점은 자기 자신입니다.

그러나 비전은 하나님께 영광이라는 대 전제 속에서

하나님이 출발점이며 도착점입니다.

야망의 종착역은 자아실현이지만

비전의 종착역은 섬김입니다.

야망은 탁월함을 추구하여 모든 것을 희생시키나,

비전은 목적이 아니라 성실함을 추구하지요.

야망을 가진 자는 주위 사람들을 야망의 희생물이 되게 하여
상처와 분쟁의 씨앗을 만드나,
비전을 가진 자는 주위 사람들을
자신의 섬김의 대상으로 삼아

치유와 평화의 씨앗을 만들지요.

야망을 가진 자는 다른 사람들과의 비교의식 속에
열등의식과 교만함의 극단을 달리나
비전을 가진 자는 다른 사람과 비교하지 않으며
하나님 앞에 자신의 모습을 보고 겸손하게 되지요.

야망을 가진 자는 '무엇What?이 될 것인가?'에 초점을 모으나,
비전을 가진 자는 '어떻게How 살 것인가?'에
초점을 모읍니다.
야망을 가진 자는 그의 관심과 에너지의 대부분이
자신을 향하나,
비전을 가진 자는 그의 관심과 에너지의 대부분이
하나님과 이웃을 향합니다.

야망을 가진 자는 자신의 필요를 채워 줄 배우자를 구하나

비전을 가진 자는 하나님의 뜻에 합당한 배우자를 구합니다."

형규는 하나님의 비전을 따라 청년 공동체를 섬기다
아프가니스탄에서 순교했습니다.
이 글을 쓰면서 하염없이 눈물이 났어요.
까닭을 모르겠어요.
왜 이렇게 눈물이 나고 또 나는지…….
갑자기 보고 싶어졌어요.

하나님의 비전 따라 하늘나라로 가버린
내 친구, 배형규가 그립습니다.

형규의 재물관, 청빈

내 친구 형규가 언젠가 나에게 물었어요.
"원희야, 너는 기독교 재정의 원칙 중에
무엇이 맞는다고 생각하니?

청빈이니, 청지기니, 청부니?"
물끄러미 바라보는 나를 향해 형규는 진지하게 말했어요.
"나는 청빈이라 생각해."

오랫동안 기독교 역사 안에서 재물에 대한
몇 가지 견해가 있었지요.

그 중 하나는 청빈입니다.

가난하지 않으나 가난한 자를 위해

스스로 가난하게 되는 것이지요.

프란치스코 같은 사람들이 이런 삶을 살았어요.

다른 하나는 청부입니다. 깨끗한 부자이지요.

정직하게 재물을 벌어 자신도 부유하고

공동체도 부유하게 해주는 삶을 사는 사람이에요.

미국의 청교도들에게 이런 청부의 생각이 있었어요.

다른 하나는 청지기입니다.

하나님이 주시는 것 안에서 잘 관리하여 살아가는 것입니다.

저같이 비범하지 않은 소시민 그리스도인들이

살아가는 방법이지요.

저나 형규는 청빈이든, 청부이든, 청지기이든 모두 성경적인 것이라 생각했어요.

형규는 그 중에서 청빈을 자신의 재정관으로 받아들였어요.

형규가 샘물기독학교에 딸을 위하여 장학금을 신청할 때

재산 내역을 작성하는 난이 있었습니다.

부동산? 없었습니다. 교회사택이었습니다.
통장 잔고는 50만 원이었습니다.

형규는 자신의 청년공동체에게 말했습니다.
"혹시 이 중에 내가 가난하다고
생각해 보신 분이 있습니까?
혹시 이 중에 목사님이 그것 가지고 어떻게 산단 말인가, 하고
저를 걱정하는 분이 있습니까? 아무도 없을 것입니다.
재물을 얼마나 소유했느냐로 부유한 것이 아니라,
얼마나 공동체와 나누었느냐로 부유한 것입니다."

형규가 선택한 재정관은 청빈이었습니다.
그는 가난했으나 부유했으며, 없었으나
모든 것을 가진 자였습니다.

남을 부유하게 하려고
스스로 가난해지는 청빈의 삶을 선택한
내 친구 형규는 세상을 떠났으나
부유한 사람이 되어 있습니다.

형규^{를 기억하는}
수많은 사람^이
남아 있기 때문입니다.

생일선물, 셔츠

형규 동생이 생일선물로 티셔츠를 사주었습니다.

청년회 사랑방에 있던 한 형제가
　　　그 티셔츠가 몹시 마음에 들어 갖고 싶어 했어요.

형규는 눈치 채고 두말없이

그 형제에게 티셔츠를 선물로 주었어요.

동생은 오빠에게 사준 티셔츠를 왜 그 형제에게

주었느냐고 따졌지만

형규는 그 형제가 입은 것이 내가 입은 것과 같다며

빙그레 웃었어요.

형규가 그 형제에게 준 티셔츠는

그 형제에게 평생 잊지 못할 사랑이 되었습니다.

그 사랑을 갚으려 해도
형규는 우리 곁에 없네요.

그런데 하나님이 형규에게 생일선물을 주셨네요.
형규에게 준 하나님의 선물, 영원한 셔츠는
순교였어요.
형규는 자신의 생일날 순교했습니다.

양화진

내 친구 형규 가 시간이 나면 자주 간 장소는
양화진이었어요.

고향에서 아버님이 오시면

동생이 오면

친구들이 오면

어김없이 양화진을 찾았어요.

"며칠 전에 고향에서 올라오신 아버님과 양화진에 다녀왔다.

이 땅을 주님께서 말씀하신 땅 끝으로 믿고

이십 대의 젊은 나이에 초개草芥처럼 목숨을 버린 이들,

그가 만난 그의 삶의 주인을 소개하고 싶어서

돌에 맞아 죽은 이들,

풍랑을 만나 이 땅에 발도 디뎌 보지 못한 채 죽어간 이들,

내가 만난 그리스도와 그들이 만난 그리스도는 다른 이인가?"

(〈형규의 광세〉에서)

형규가 순교한 뒤

나는 가족들과 양화진을 찾았어요.

아내와 아이들이랑 내 친구 형규와 양화진에 왔던 이야기를

들려주며 기도했어요.

양화진.

우리 민족을 위해 순교한 순교자들의 삶이 묻어 있는 곳,

그곳에 형규의 추억이 함께 있어요.

양화진에 한번 가 보세요.

당신의 오늘이 그 속에 있어요.

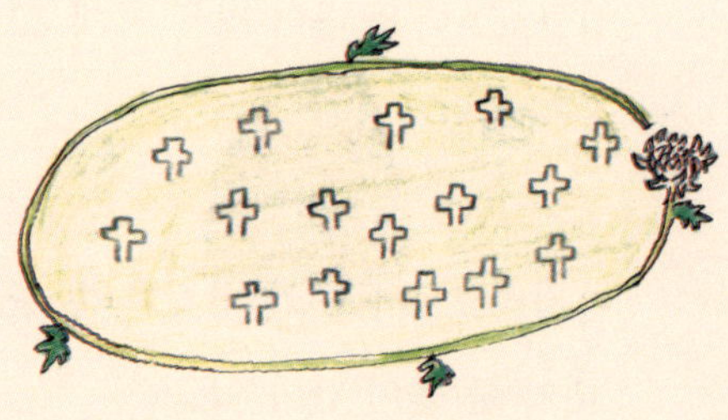

섬김의 양동이

내 친구 형규가 인도 히말라야 심라에 단기선교 하러
청년들과 갔을 때예요.
그곳은 물이 늘 부족한 지역이었어요.
산꼭대기에 숙소가 있어 물을 끌어올리기가 어려웠어요.
그래서 양동이 하나에 셋이서 몸도 씻고 양치질도 해야 했어요.
그 물은 남자 셋이 몸을 씻기에는 불가능한 양이었어요.
형규, 그 다음 나이 많은 형제, 그리고 가장 나이 어린 순서로
몸을 씻었어요.

마지막으로 들어간 형제가 속으로 생각했어요.
'내가 쓸 물이 남아 있을까?'

그런데 양동이에 삼분의 이의 물이 남아 있었다고 해요.

형규를 보며 그 형제가 말했어요.

"목사님, 안 씻으셨어요?"

"아니, 난 다 씻었어. 형제, 씻어!"

형규가 특유의 웃음으로 빙그레 웃고 있었어요.

피부병이 있던 형규에게는 어려운 일이지만

형규는 자신의 어려움보다 섬김을 선택했어요.

형규의 섬김은 청년공동체의 섬김으로 이어졌어요.

섬김은 섬김을 낳아요.

양동이 하나에 섬김이 담겨 있네요.

생명은 생명을 낳고

내 친구 형규가 어느 복지재단을 통해
탈북자를 위해 일할 때였어요.
중국에서 탈북자들을 만나 성경공부를 하고 그들에게
세례를 주었어요.
한번은 그리스도인 탈북자 두 명이 북한 공안에 잡혀
수용소에 갇혀 있다는 소식을 듣고 그들을 위해 금식 기도하며
탈출시키기 위한 자금을 청년들과 함께 모금하였어요.

하나님의 은혜로 사람들이 탈출하게 되었어요.
형규에게 세례를 받은 북한 청년은
나중에 형규가 순교했다는 소식을 듣고

북한으로 들어가면서

"나도 배 목사님처럼 순교할 마음으로 복음을 전하겠습니다."

라는 말을 남겼다고 해요.

미움은 미움을 낳습니다.

미움은 생명을 낳지 못합니다.

그러나

생명은 미움을 사랑으로 바꾸고

생명을 낳게 합니다.

형규의 생명이

또 다른 생명이 되어

생명을 낳고 있습니다.

이불 속 기도

내 친구 형규가 한번은 청년회 지체로부터 전화를 받았어요.
그 형제가 잘못하여 고통을 당한다는 이야기였어요.
형규는 그 형제의 이야기를 다 들어주고 위로했어요.
그러나 그 형제의 잘못은 따끔하게 야단을 쳤어요.
그 형제를 위해 기도해 준 후

전화를 끊었어요.

그리고 누군가 들을까 봐
무릎을 꿇고 이불을 덮었어요,
형규는 울면서 그 형제를 위해 기도했어요.

그리고 목사로서 본인이 지체를 잘못 가르쳐서
그렇게 된 것이라며
주님 앞에 참회하며 통곡했어요.

이불 속 흐느끼는 형규의 기도는
하늘 보좌를 움직이는
골방의 기도였어요.

응답되지 않은 기도

내 친구 형규가 가장 좋아한 단어는 '은혜'였어요.
그래서 딸 이름을 은혜라고 지으려고 생각했어요.

형규 형님이 먼저 결혼을 했어요.

형님이 아이를 낳으면

은혜란 이름으로 짓지 않기를 형규는 야곱처럼 기도했어요.

그런데 형님이 딸 이름을 배은혜라고 지었네요.

그때 실망했던 형규의 눈빛이 지금도 선해요.

형규는 딸 이름을 '지혜'라고 불렀어요.

'하나님의 은혜를 아는 아이'

은혜라는 이름을 자녀에게 붙이려 했던 형규의 기도,

그 기도는 응답되지 않았어요,

그러나 은혜라는 단어를 기어코 딸 지혜에게 붙였네요.

형규가 사모했던 은혜라는 단어를

저도 제 아이들에게 붙였어요.

하나님의 은혜를 기뻐하라: 희은

하나님이 때마다 주시는 은혜: 시은

하나님이 내려 주시는 은혜: 강은

은혜,

아무리 불러도

하염없이 불러도

너무너무 좋은 단어예요.

우리는 하나님의 은혜 없이

하루도 살 수 없는 자들이니까요.

내리신앙

내 친구 형규 부부가
백혈병에 걸린 환우를 위해
골수 기증을 결심했어요.
사모님의 골수와 백혈병 환자의 골수가 일치되어
사모님은 기꺼이 기증하기로 작정했어요.

사람들은 기증 의사를 밝히고도 기증하는 날
마음이 변하는 경우가 많다고 해요.
그래서 골수 기증 전날, 수없이 확인하고 확인해요.
정말 기증할 것인지, 아닌지를요.
형규의 아내는 골수 기증을 했어요.

형규의 이런 신앙은 내리신앙이에요.

형규의 아버지, 어머니로부터 온 신앙이지요.

형규가 목사 안수를 받고 부모님께 쓴 편지를 소개할게요.

"초등학생 시절 많이 어려웠던 형편 속에서도 1년에 한두 번씩 꼭 부모님이 안 계신 친구들을 데려오게 해서 고깃국으로 식사를 대접하게 했던 것은 저에게 너무나 소중한 경험이었습니다. 소외되고 약한 자들에 대한 어머니의 관심과 사랑이 저에게는 아주 중요한 교육이었습니다.

교회 권사로서 장로이신 아버지와 함께 농아부 교사로 오랫동안 섬기면서 농아인들의 아픔에 동참하시는 모습을 보면서 제가 하는 목회가 소외된 자, 약한 자들을 섬기는 목회가 되어야 함을 깨달았습니다. 어머니께서 호스피스 소식지에 실은 유언장에서 저에게 부탁하신 것처럼 생명의 면류관을 받기까지 죽도록 충성하는 주의 종이 되겠습니다.

부모님! 부모님의 신앙의 모범을 닮기를 원합니다.

저와 제 아내가 '사랑의 장기기증'에 안구 기증을 놓고 기도했을 때, 부모님께서 안구뿐만 아니라 모든 장기와 시신까지 기증하셨다는 소식을 듣고 저희들이 얼마나 용기를 얻었는지 모릅니다. 죽음 이후에라도 다른 사람을 섬길 수 있다면 마지막 하나까지 하나님과 이웃을 위해 내어놓는 모습에서 저희도 용기를 얻어 그 길을 따르기로 했습니다.

저와 제 아내도 시신까지 사랑의 장기기증에 다 기증했습니다. 죽음 이후의 우리의 육신은 흙으로 돌아가지만 우리의 영혼은 하나님 보좌 우편에서 누리게 될 영광을 생각합니다.

부모님! 두 분 모두 존경합니다.

저도 제 딸에게 부모님처럼 존경받는 아빠가 되고 싶습니다. 제 인생에 가장 큰 선물인 믿음의 유산을 물려주시고, 믿음으로 양육시켜 주신 부모님!

신앙의 모델이 되어 주시고 제 인생의 멘토가 되어주신 부모님!

사랑하고 존경합니다.

늘 영육 간에 강건하십시오."

(2001년 5월 형규가 부모님께 쓴 편지)

형규의 신앙은 내리신앙이에요.
우리가 부모로서 자녀들에게 물려줄
진정한 유산은
내리신앙이지요.

교회 어르신들이 교회 청년들에게 내리신앙을,
주일학교 교사들이 아이들에게 내리신앙을,
부모들이 자녀들에게 내리신앙을 물려준다면
한국 교회는 언약의 축복을 지속적으로 받아
대한민국은 복된 나라가 될 것입니다.

형규의 선택 기준

내 친구 형규는 준법정신이 강한 친구였어요.

하나님의 말씀을 정확하게 지키는 친구였고요

국가의 법도 하나님의 법 안에서 지키려는 친구였어요.

배낭여행 때, 주일이면 주변의 한인 교회를 물어물어

꼭 예배를 드린 친구예요.

한인 교회를 찾아가는 것이 힘들어진 나는

"그냥 우리 둘이 예배드리자"라고 말했다가
형규에게 본전도 못 찾았어요.

그런 형규가 대학원을 다니던 시절, 과외금지령이 내려졌어요.

형규는 늘 스스로 학비와 생활비를 책임져야 했어요.

그래서 과외 교습이 끊어지면 학비와 생활비 충당이
어려웠어요.
많은 대학생이나 대학원생은 부당한 법이라 여겨
비밀리에 과외교습을 했어요.
그러나 형규는 국가의 법을 어기고 과외 교습을 하는 것은
하나님 말씀에 어긋난다고 하여 과외 교습을 중단하고
여러 힘든 일들을 하여 학비와 생활비를 충당하는 길을
선택했어요.

그 중 하나가 독서실 관리였어요.
독서실 관리를 하면서 주인 내외에게
복음을 전했어요.
독서실 주인 내외는 복음을 거절했어요.
어느 날 독서실에서 공부하던 한 학생이 옥상에 올라가서
자살하려는 소동이 일어났어요.
형규는 주인 부부와 함께 기도했다고 해요.
다행히 그 학생은 설득되어 자살이 미수에 그쳤다고 해요.
그 일로 독서실 주인 내외는 형규와 성경공부를
시작하게 되었어요.

높고 편안한 길보다는
성경적인 방법과 길만을 선택한 형규,
그 형규의 길에는
하나님의 섭리와 역사가 있었어요.
그래서 형규의 삶은 늘 옳았어요.

내 친구 형규가 아프가니스탄으로 가기 전

전화 통화를 했어요.

"형규야, 잘 지내? 이번 주에 만날까?"

"이번 주에 나 아프가니스탄 단기선교 가."

"거기 위험한 곳 아니야? 왜 그곳으로 가?"

"목사가 위험한 곳에 가야지. 그럼 어디로 가?"

"그렇네."

"급한 말이 있으면 오늘 만날까?"

"아니, 돌아오면 만나지 뭐, 너 아프가니스탄에 가서

그 나라 기념될 만한 것 하나 사 와라."

형규는 저에게 늘 단기선교를 갔다 오면
그 나라를 기념할 만한 작은 것들을 사다 주었어요.

"응, 살 수 있는 시간이 나면 사올게."
"그래, 갔다 와서 만나자."

"응, 안녕. 샬롬!"

형규가 건네준 마지막 인사,

샬롬.

영원한 샬롬,
마지막 샬롬이었어요.

지금 와서 후회되는 것,
"오늘 만날까?"
이 질문에
"응" 하지 못한 것,
마지막 대화를 전화로 했다는 것이
못내 후회로 남네요.

"갔다 와서 만나자."

이 마지막 말에
나는 오늘도 형규가 돌아오길 기다려요.

"샬롬" 하며 만나려고요.

첫 기도 편지

"목사님, 아프가니스탄에서 단기선교팀이 인질로 잡혔다는데,
목사님 친구 같아요."

인터넷으로 텔레비전으로 뜬 급보!

내 친구 형규였어요.
갑작스런 형규의 일에 저는 무척 당황했어요.
핸드폰으로 들어온 문자,
**"긴급 기도 부탁,
샘물교회 선교팀 아프간에서 납치됨."**

그날 한 교회 청년부 저녁기도회에서 설교를 했어요.
그리고 형규와 샘물교회 선교팀을 위해 기도했어요.
"살려 달라고, 살려 달라고, 하나님, 무조건 살려 달라고"
기도했어요.
하나님의 뜻이 이루어지도록 기도하기보다
무조건 살려 달라는 기도 외에는 나오지 않았어요.
울면서 울면서 기도했어요.

그리고 주변의 형제들에게 기도 부탁 글을 나누기 시작했어요,
이것이 저의 첫 번째 기도 부탁 글이었어요.

『내 친구, 배형규 목사를 위해 기도해 주십시오.
내 친구 배형규 목사는 저와 오랫동안 신앙의 동지였으며
제가 예수님을 믿고 처음 사귄 친구입니다.
저의 친구는 과시용이나 이벤트 식으로 선교하지 않습니다.
한 영혼을 소중히 여기며 사랑하는 친구입니다.

그는 단 한 번도 부정직한 적이 없었고

그는 단 한 번도 목회자로서 불성실한 적이 없었습니다.

그는 긍휼이 가득한 친구였고, 남을 돕기를 좋아했으며

다른 사람을 이해하는 깊이가 넓은 친구였습니다.

저도 형규에게 수많은 도움과 사랑을 받았습니다.

형규 같은 목회자가 많이 있다면

한국 교회가 행복하겠다고 생각했습니다.

얼마 전 해외 단기선교 갔다 오겠다고 하면서,

다녀온 후에 만나자고 했습니다.

내 눈에 넣어도 안 아픈 친구,

내 심장을 주고 싶은 친구입니다.

언제부터인가 그 친구도 저도

주님을 위해 죽기로 생각해 왔습니다.

지금이 형규의 그때인지는 알지 못합니다.

저는 친구를 믿습니다.

어려운 가운데서도 당황하지 않고

그리스도를 전하고 있을 거라고,

힘든 가운데서도 청년 지체들을 잘 돌보고 있으리라고 생각합니다.

그는 어느 누구보다도 주님을 위해 순교할 수 있는 친구입니다.
어쩌면 형규의 신앙이 위험한 상황에 직면하게 할 수 있다고
생각합니다.
하나님의 뜻이 어떻게 임할지 모르지만,
기도해 주십시오.
무사히 안전하게 귀국할 수 있도록,
사모님과 딸아이도 잘 이겨낼 수 있도록,
기도해 주십시오.

박원희 목사 올림』

두 번째 기도 편지

내 친구 형규가 잡히고 나서
인터넷에 수많은 비방의 글이
올라오기 시작했어요.
마음이 너무 아팠어요.
그래서 두 번째 기도 편지를 나누었어요.

『내 친구, 배형규 목사는 참 신실한 형제였습니다.
자신이 맡은 일에 그리스도 앞에서 최선을 다했습니다.
단 한 번도 거짓으로 사람을 대하거나 언행을 한 적이
없습니다.

기도의 사람이었습니다.

늘 기도를 부탁하고 기도하는 형제였습니다.

사랑이 많은 형제였습니다.

후배들과 선배들을 늘 사랑하고 아끼는 사람이었습니다.

힘들고 어려운 사람들을 보면 지나가지 못하는 형제였습니다.

사모님도 백혈병에 걸린 사람을 위하여 골수이식을 했습니다.

그러고는 성함이라도 알려 달라는 환자에게 자신의 이름을

끝내 밝히지 않았습니다.

내가 어려울 때 늘 쌈짓돈을 주머니에 넣어 주고는

버스를 타고 가버린 친구였습니다.

독서실에서 공부하고 잠을 자야 하는 어려움 가운데서도

독서실 주인과 독서실에서 공부하는 어려운 학생들을

보살핀 형제였습니다.

그는 선교를 교세 확장이나 영웅 심리나 무용담으로

하지 않는 형제였습니다.

정말 이슬람을 사랑하고 걱정하는 형제였으며

열방의 영혼들을 사랑하는 형제였습니다.

형규 같은 목사가 많아진다면 한국 교회는

행복한 교회가 될 것이라 생각했습니다.

형규를 볼 때마다 저는 늘 자신이 초라하게 생각되었습니다.
형제에게 있는 넉넉함, 이웃을 사랑하고 포용할 줄 아는
하나님 아버지의 마음…….
도저히 보통 사람이 흉내 낼 수 없는
그리스도의 사랑이 있는 형제였습니다.

형규가 납치된 것으로 인하여
마음이 불안하고 고통스럽습니다.
그러나 수많은 인터넷 글 속에
그리스도인을 폄하하는 글들을 보면
더 고통스럽고 아픕니다.
　　　제가 오랫동안 곁에서 지켜 본 친구 배형규는
영혼이 투명하고 깨끗한 형제였습니다.
내 목숨을 대신하여 살리고 싶은 형제이며
저의 심장을 꺼내 주고 싶은 형제입니다.
어쩌면 제가 죽어야 할 자리에 형규가 있는지 모르겠습니다.
기도해 주십시오.
그리고 내 친구 형규가 그리스도 예수 앞에서
하나님 앞에서 이웃 앞에서

얼마나 정직하고 성실했으며
사랑과 섬김이 많았던 형제인지 말해 주십시오.
내 영혼이 증인입니다.

박원희 목사 올림』

저의 기도 편지는 저의 허락도 없이
형규의 순교가 보도된 날,
신문과 인터넷에 떠돌기 시작했어요.

형규가 순교했다는 언론 보도가 나오면서
수많은 사람이 저에게 질문했지만
저는 입을 다물었습니다.

우는 자와 함께 울고 위로하라는 주의 말씀처럼
그들은 다가온 것이 아니라

상업적으로

호기심으로

다가왔기 때문입니다.

친구^{를 잃어버린 슬픔}

남편^{을 잃어버린 슬픔}

아빠^{를 잃어버린 슬픔}

아들^{을 잃어버린 슬픔}

목자^{를 잃어버린 슬픔은}

침묵이 되어 시간을 멈추게 했어요.

세 번째 기도 편지

그리스도를 위해 순교하는 일이 복되다고 설교하신 목사님께서 왜 친구, 배형규 목사를 살려 달라는 기도 부탁을 하느냐는 지체들의 답신을 받고 세 번째 기도 편지를 보냈어요.

『형규와 단기선교를 간 지체들에 대한 네티즌의 글들을 보면서 저는 억장이 무너졌습니다.
극한 말들,
"순교하러 갔으면 순교해라."
"유서까지 써 놓고 뭘 또 살려 달라고 하느냐."

“세금 아깝다.”

그런데 기도 편지를 보내고 기도 부탁을 하는 가운데
저의 마음을 아프게 하는 말과 글들을 접하게 되었습니다.
“하나님 아버지의 뜻을 찾아봅시다.”
“살려 달라고만 기도하지 마시고 순교하는 것도
당당하게 받아들여야죠.”

예수님이 겟세마네에서
세 번씩 기도하시며
이 잔을 내게서 비켜 달라고 했습니다.
십자가의 선택이 하나님의 선택임을 예수님이 몰랐을까요?
그러나 예수님은 잔을 비켜 달라고 기도했습니다.
그리고 그의 마음의 고통을 위해
베드로에게 기도를 거듭 부탁했습니다.

친구 형규는 늘 순교를 생각했습니다.
그는 순교가 얼마나 복된 축복인 줄 알고 있는 형제였습니다.
저는 형규 형제가 죽을 수 있는 가장 큰 이유는

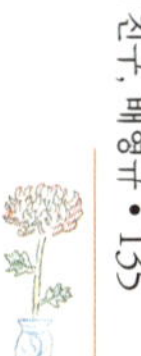

그의 신앙 때문이라 생각합니다.
그는 어떤 환경 속에서도 그리스도인임을 감추지 않는
형제입니다.
기회가 있으면 분명히 복음을 전할 형제입니다.
다른 지체들 대신 자신의 목숨을 담보하는 형제입니다.
형규나 저는 순교하는 것에 두려움과 거리낌이 전혀 없습니다.
아버지의 뜻에 철저히 순종하고자 하는 것,
그것이 형규 형제의 삶입니다.
형규 형제만큼 하나님 아버지 앞에 순종하고
자신의 뜻을 내려놓는 형제를 저는 지금까지
만나 본 적이 없습니다.
그 점에서 늘 저를 부끄럽게 한 형제입니다.
그래서 형규를 위험에 처하게 하는 것은 탈레반이 아니라
그의 신앙이라 생각합니다.

저도 형규도 하나님 아버지의 뜻이 이루어지는 것이
최우선의 기도라 생각하고 삶이라 생각합니다.
우리는 다 압니다.
아버지의 뜻이 이루어지는 것이 최선이라는 것을…….

우리는 다 그렇게 삽니다.
아버지의 뜻이 이루어지는 삶을 위해
자신의 모든 것을 드리는 삶을…….

제가 하나님께 형규를 살려 달라고 몸부림치는 것은
하나님 아버지의 뜻을 몰라서도 아니고
형규나 저나 아버지의 뜻이 이루어지는 것을
기뻐하지 않아서도 아닙니다.
　　오직 하나, 친구의 마음입니다.
내 목숨보다 아까운 친구,
내 모든 것을 주고 싶은 친구,
생각만 하면 억장이 무너지고 눈물이 나는 친구,
사랑하는 내 친구,
그 친구를 살려 달라는 기도를 하는 것은
친구의 마음입니다.

그 마음에다 분석의 칼을 들이대고
왜 그런 상황을 만들었느냐고 신앙의 잣대로
정의로움을 들이댈 때

하염없이 무너지는 아픔을 느낍니다.

왜 모르겠습니까?
무슨 말을 하는 건지…….
무슨 말을 하려고 하는 건지…….

죽어 가는 자녀를 붙들고
하나님 아버지의 뜻을 분석하고 냉철하게 자녀의 죽음을 보는
그런 냉혈한 아버지가 이 세상에 어디에 있습니까?
죽어 가는 성도를 보고
빨리 죽어 천국 가라고 하는 목회자가 어디에 있습니까?

다 알지만,

살려 달라고 몸부림치는 것이 아버지의 마음이고,
살려 달라고 몸부림치는 것이 목회자의 마음입니다.

겟세마네에서 다 아시지만,
몸부림치는 예수의 마음……,
그 마음이 그립습니다.

우는 자와 더불어 울어야 합니다.
생명 앞에 논리와 냉철한 지식으로
칼을 들이대는 일이 있어서는 안 됩니다.
다 압니다.
저는 형규를 사랑합니다.
그리고 무엇보다 우리 주 예수 그리스도,
그분을 가장 사랑합니다.

그러기에 어느 상황이 와도 주를 찬미할 수 있고
경배할 수 있습니다.
아버지의 좋은 뜻이 이루어진다는 것,
지금도 믿고 있으며 앞으로도 믿습니다.

하나님 아버지의 섭리가 어떤 상황 가운데서도 있음을
믿습니다.
최선의 섭리와 선이 있음도 믿습니다.

살려 달라고 엎드려 우는 것은
친구의 마음입니다.

십자가는 분석이 아니라 사랑입니다.
기도해 주십시오.

박원희 목사 올림』

카타콤

배낭여행 때 내 친구, 배형규와 카타콤에 갔어요.
로마의 핍박 속에서 지하 동굴 속에 모여
예배드리며 기도했던 그 장소지요.
그들의 일상은 핍박 당하는 것이었고, 매일 듣는 소식은
믿음의 형제들 순교 소식이었어요.
당시 형규와 나는 카타콤은 그저 교회 역사 속에나
있는 줄 알았어요.

형규와 선교팀원들이 인질로 잡혔다는 소식을 접한 날부터
분당샘물교회 지하예배당에서 43일간 기도회가 시작되었어요.
1300여 명의 교우들이 모여 기도하기 시작했어요.

저는 샘물교회 교우는 아니었지만 참여하여 기도했어요.

뒷좌석에 앉아 기도하고 몰래 돌아가기를 수없이 반복했어요.

내가 할 수 있는 일이란

하나님 아버지 앞에 기도하는 일 외에는 없었어요.

그 속에서 형규와 심성민 형제의 순교 소식을 듣게 되었어요.

그날의 눈물의 기도는 잊을 수 없어요.

생각했어요.

하나님이 대한민국 한복판에 카타콤을 만드셨구나.

1907년 대부흥 100주년을 맞이하여 카타콤을

여기 만드셨구나.

카타콤은 교회 역사 속에 나오는 장소가 아니라

북한에 지금도 있으며

중국에도 있으며

무슬림 지역에도 있으며

오늘 여기 한국에도 있다는 사실을 알게 되었어요.

그리고 순교는 핍박의 시대에만 있는 것이 아니라

오늘날 전 세계의 곳곳에서 만나는

그리스도인의 현실이라는 사실도 알게 되었어요.

순교가 친근한 단어가 되었어요.

전 세계 교회들이 형규와 아프가니스탄 선교팀을 위해
기도했어요.

어떤 독일 그리스도인은 독일에서 이 소식을 듣고
기도하다 견딜 수 없어
샘물교회 교우들과 기도하고 싶어
비행기를 타고 한국까지 와서
기도회에 참석하고는 돌아갔어요.

나중에 안 알이지만,

전 세계의 많은 무슬림 선교사님들이 함께 기도했고

열방 가운데 사역하던 수많은 선교사님들이

기도에 동참했어요.

세계 교회, 한인 교회들이 기도했어요.

2007년, 한국에 카타콤이 생겼어요.

전 세계에 카타콤이 생겼어요.

카타콤은 오늘도 있어요.

주님 오실 그날까지 카타콤은 있을 거예요.

파란 담요

탈레반에게 인질로 잡혔을 때 형규는 파란색 담요를 갖고 있었어요.

짧은 반팔셔츠만으로 춥게 입고 걷던 형규에게

지체 중 하나가 전한 담요였어요.

거의 매일 강행된 야간 이동 중에

형규는 그 담요를 어린 자매에게 덮어 주고,

그 자매들은 또 형규에게 덮어 주고,

형규는 다시 자매들에게 덮어 주며 괜찮다고 하며 뛰어갔어요.

마지막 자동차 이동 중 형규는 탈레반들과 함께

앞자리에 앉았고,

자매들은 짐칸에 앉았어요.

형규는 뒷자리에 있는 자매들에게 파란 담요를 전해 주며
"얘들아, 깔고 앉으렴" 했고 자매들은 "괜찮아요" 하고
거절하는 실랑이가 벌어졌어요.
탈레반이 조용히 하라며 총을 겨누어 자매들은 할 수 없이
파란 담요를 깔고 앉아 이동했어요.
인질로 잡혀 묶었던 어떤 집에서 탈레반 두 명이
형규의 이름을 확인하고
형규를 데리고 방을 떠났어요.
형규는 "믿음으로 승리하세요" 하고 떠났어요.
그 자리엔 파란 담요가 곱게 개어져 있었어요.
형규가 자매들에게 준 마지막 선물이었어요.
추운 밤 파란 담요를 덮은 자매들은 생각했어요.
"목사님, 감사합니다. 주신 담요를 덮고 저희들은
잘 지내고 있어요.
보고 싶어요. 목사님이 안 계셔서 저희들은 무섭지만,
말씀대로 믿음으로 승리할게요. 기도해 주셔서 감사해요."
자매들은 풀려나고 나서야
형규의 인사가 마지막 인사라는 것을,
형규가 남긴 파란 담요가 마지막 선물이라는 것을 알았어요.

저는 상상해 봅니다.

탈레반에게 잡혀 이동하는 밤중에 파란 담요가

형규에게서 자매들에게로

자매들에게서 다시 형규에게로 건네지던 장면을…….

사랑은 모든 두려움을 이깁니다.

인질로서 그 긴 이동 중에 파란 담요는

두려움을 이기게 해준 사랑의 담요였습니다.

평화

잡히던 날,
두려움에 빠진 선교팀 지체들을 향해
형규는 이렇게 말했다고 해요.

"여러분, 너무 염려하지 마세요.

아마 전 세계의 성도들이 우리를 위해 기도하고 있을 것입니다.

그러나 이 사람들이 협상을 유리하게 끌고 가기 위해

우리 중에 한두 사람을 죽일지도 모르겠습니다.

자기들의 선전효과를 위하여 아마 비디오를 찍으면서

총살을 할지 모르겠습니다.

그때는 제가 먼저 앞장을 서겠습니다.

이 사람들에게 하나님의 사랑을 전하겠습니다.
그리고 예수를 믿으라고 말하겠습니다."

"저 사람들이 우리를 위협하고 힘들게 하고
심지어 우리를 고문하거나 죽인다 할지라도
우리는 저 사람들에게 폭력으로 대항해서는 안 됩니다.
예수님께서 천군천사를 동원하실 힘이 있으셨지만
묵묵히 핍박과 조롱을 견디시고 십자가를 지신 것처럼
우리도 저 사람들을 사랑으로 대해야 합니다."

그리고   형규는 탈레반 앞에서 분명히 말했습니다.

"우리는 여러분에게 평화를 주러 왔습니다."

하나님이 주실 샬롬,
그 평화를 위해 형규는 순교했습니다.

아프가니스탄에 하나님의 샬롬이!

2007년 7월 25일

내 친구, 배형규 목사는 순교했어요.

7월 25일, 형규의 생일이었어요.

생일 날 하나님은 형규에게 가장 존귀한 선물을 주셨어요.

'순교'

2007년은 평양대부흥이 일어난 지 100년이 되는 해에요.

1907년의 평양대부흥이 다시 한반도에 일어나기를,

한국 교회는 기도하기 시작했어요.

2007년 7월 8일 상암월드컵경기장에서

한국 교회 교우들은 우리 민족에게 다시 부흥을 달라고
기도했어요.
고故 옥한흠 목사님은
"주여, 이놈이 죄인입니다.
입만 살고 행위는 죽은 교회를 만든 장본인입니다.
주여, 저희를 불쌍히 여기고 성령을 부어 주옵소서.
한국 교회를 깨끗하게 하여 주옵소서.
한국 교회를 살려 주옵소서"라고
한국 교회를 위해 하나님께 애타게 부르짖었어요.

그 기도의 응답이 바로
2007년 7월 25일 '배형규 목사의 순교'에요.
섬김과 십자가의 정신이 사라진 한국 교회에
하나님은 배형규 목사의 순교를 주신 거예요.
인터넷에 올라온 수많은 글은
한국 교회의 죄악을 보여 주신 거예요.
가졌으나 섬김이 없고,
높아졌으나 낮음을 향해 살아가지 않고,
누림은 있으나 십자가가 없는,

부흥을 달라는 교회를 향해 하나님은
형규의 순교를 통해 응답하셨어요.

하나님은 우리를 얼마나 사랑하시는지를
보여 주시기 위해
천지를 창조하시고,
홍해도 가르시고,
여리고도 무너뜨리셨어요.

그러나 인간은 영원히 하나님의 사랑 안에 거하지 못했어요.
그래서 하나님은 자기 아들, 예수 그리스도를
십자가에 못 박아 죽였어요.
예수 그리스도의 죽음으로
우리의 죄가 용서되고 하나님과 화목이 일어나
우리가 영원히 하나님 사랑 안에 거하기 때문이지요.
그래서 하나님의 최고의 영광 중의 영광,
사랑 중의 사랑은 십자가이지요.
그리스도인이 이 세상에 살면서 보이는 최고의 사랑,
최고의 덕목, 최고의 가치는 십자가이지요.

남을 위해 희생하는 것,
남을 위해 자신을 버리는 것,
남을 위해 낮아지는 것,
그것이 그리스도인의 최고의 가치이지요.

2007년 대부흥의 염원 속에는 이것이 없었어요.
한국 기독교는 이미 부유하여
낮아짐이 없고,
남을 위해 살아가는 정신이 없어졌어요.
높음이 믿음이 되었고,
성공이 자랑이 되었으며,
커짐이 높음이 되었어요.

부흥을 달라는 한국 교회의 기도에 대한 응답이 '형규의 순교'였어요.

어떤 목사님이 말했어요.
"배형규 목사의 죽음은 순교가 아니다."
또 어떤 분은 말했어요.

"샘물교회는 한국 사회 앞에 사과해야 한다."
언론에서는 단기선교에 대한 반성적 논의가 시작되었어요.
우리에게 십자가가 없음을 통회해야 할 그 자리에
형규의 죽음에 대한 비판과 해석들이 넘쳐났어요.

나는 울었어요.
말하고 싶었어요.
묻고 싶었어요.

형규를 아시나요?
아시고 말씀하시는 거예요?

형규의 죽음만을 저는 순교라 하지 않아요.
그가 살았던 삶이 순교지요.

저는 부르짖고 싶었어요.
형규의 시신을 가슴에 안고
우리 모두 거리에 나서자고요.
여러분의 대부흥을 위한 기도제목,

Again 1907년을 달라는 기도의 응답이
바로 여기, 이 형제, 내 친구 배형규를 통해 주셨다고요.

제발 분석을 그만 하고
내 아들, 내 형제, 내 목자를 잃어버린 슬픔을 안고,
우리 안에 잃어버린 하나님 최고의 영광,
십자가가 없음을 통회 자복하자고요.

1907년 대부흥을 달라는 우리의 부르짖음의 응답,
배형규 목사의 순교예요.

울보

내 친구 **형규**가 천국에 간 뒤
형규 생각만 하면
눈물이 나요.
그래서 형규 이야기는
가급적
꺼내지 않으려고 해요.

형규가 잡힌 날부터
집에서 아이들과 가정 예배를 드렸어요.
내 아이들은 나의 눈을 늘 보았어요.
그렇게 슬피 우는 아빠의 눈물을 처음 보았기 때문이죠.

밥을 먹을 때도
아이스크림을 먹을 때도
차에 탔을 때도
아이들은 나의 눈을 보았어요.

주체할 수 없는 눈물,
생각만 하면 떨어지는 눈물,
사람이 그렇게 하염없이 울 수 있다는 사실을
처음 알게 되었어요.

아이들은 나를 보고 말했지요.

"아빠, 제발 그만 울면 안 돼요?"
"아빠, 제발 울지 말아요. 네?"
"아빠 또 운다. 엄마!"

이 글을 쓰면서도 우네요.
형규가 나를 울보로 만들었네요.

형규의 시신 옆에서

탈레반이 길거리에 버린 내 친구 형규의 시신을
텔레비전 화면으로 보면서 울었어요.
가서 길거리에 버려진 형규의 시신을
나의 몸으로 따뜻하게 덮어 주고 싶었어요.
그 형규의 시신이 한국에 돌아왔어요.

"원희야, 갔다 와서 만나자."

그 형규가 공항을 통해 시신이 되어 돌아왔어요.
인질로 잡힌 다른 지체들이 아직 귀국하지 않았기 때문에
마중에는 의미가 없다는 샘물공동체의 결의를 존중하여
가지 못했어요.

형규를 마중한 것은 샘병원 영안실이었어요.
일곱 발의 총탄에 맞은 형규.
총탄에 찢긴 형규의 시신은
하나하나 조각이 맞추어져 있었어요.
누워 있는 형규 얼굴을 그저 말없이 보았어요.

형규의 시신을 만지려는 어머니,
따뜻한 손으로 차가운 아들의 얼굴을 한번이라도
데워 주시려는 어머니를 보면서
예수 그리스도를 가슴에 안은
마리아의 '피에타'가 생각났어요.

참으로 후회했어요.
나라도 공항으로 나가 돌아온 형규를
마중하지 못한 것이 후회되었어요.

십자가의 상처를 안고
돌아와
잠자고 있는 내 친구 형규 옆에서
말없이 눈물만 흘렸습니다.
너무너무 미안해서……
울기만 했습니다.

천국환송예배 전날 쓴 글

사랑하는 내 친구 형규야.
네가 떠난 뒤 날마다 잠들기 전에 기도를 했단다.

"하나님 아버지, 단 한 번이라도 좋습니다.
꿈에서라도 얼굴 한 번 만지게 해주십시오.
하나님 아버지, 단 한 번이라도 좋습니다.
꿈에서라도 음성을 한 번 듣게 해주십시오.
하나님 아버지, 단 한 번입니다.
오직 단 한 번만입니다.
꿈 속에 만나
형규를 안고 말하고 싶습니다.

미안하다, 형규야.

사랑한다, 형규야,

너는 나에게 베풀어 준 사랑이 많은데

나는 너에게 준 사랑이 없구나.

미안하다, 형규야.

여기 일은 잊고 하나님 품에서 잘 있으렴, 샬롬!

이렇게 따뜻한 한 마디의 말만 할 수 있도록 허락해 주십시오.

꿈속에서라도 따뜻한 밥 한 공기 나누며

얼굴 한 번 만지고 싶습니다.

하나님 아버지,
단 한 번입니다.
단 한 번만 꿈속에서라도 만나게 해주십시오."

그렇게 기도를 했단다.

아침이 되면 너를 만나지 못한 꿈은 슬픔이 되어 찾아왔고

네가 어디선가 "원희야" 하고 나타날 것 같아

창가에서 너만 나타나길 하염없이 기다렸단다.

사랑하는 형규야.

보고 싶은 형규야.

너의 시신이 이 땅에 왔을 때도 숨죽여야만 했던

우리의 비겁함과 우정 없음을 용서해 다오.

너에 대해 증인이 되어 외쳐야 했을 때도

목소리를 죽이고 숨죽이고 있어야 했던

우리의 용기 없음을 용서해 다오.

너의 총 맞은 시신에 다시 칼을 대야 했던

이 땅의 냉정함을 용서해 다오.

너의 죽음 속에 벌거벗은 우리의 죄들이 있구나.

너의 죽음 속에 십자가를 사랑하지 않은 우리의 죄가 있구나.

너의 죽음 속에 이천 년 전 십자가에 달리신 예수님의

눈물과 울부짖음이 있구나.

용서해 다오.

용서해 다오.

형규야…….

형규야, 용서해 다오.

이국 땅에서 트럭에 실려 가는 너의 차가운 시신을 보고도

따뜻하게 덥혀 주지 못한 우리의 죄를 용서해 다오.

너의 가는 마지막 길에서마저도
기쁨으로 축복하지 못하고
마음 졸이며 장례 일정을 기다리며
하나님을 향해 우리의 죄를 풀어 주시길 기도했던
우리의 연약함을, 우리의 죄를 용서해 다오.

이제나마 이렇게 부를 수 있구나.
내 친구, 배형규.
순교자, 배형규.
복되구나, 형규야.
우리에게 순교자 친구 배형규가 있다는 것이 얼마나 복된지,
너는 죽어서도 우리에게 행복을 주고 가는구나.
고맙다, 친구야. 정말 좋은 내 친구, 배형규야.

하나님께서
예수 그리스도, 그 십자가를 우리에게
선물로 주셨듯이,
하나님께서
너의 생명으로 아프가니스탄에 가장 좋은 선물을 주셨구나.

너의 피로 아프가니스탄에 평화의 꽃을,
복음의 열매를 맺어 주실 거야.
너의 피로 분쟁과 고통에 사로잡힌 아프가니스탄 사람들에게
참 자유와 참된 주님의 평화와 기쁨을 주실 거야.
너의 피가 한 알의 밀알이 되어
하나님 나라의 수많은 열매가 되어 맺힐 거야.

너의 피가 아프가니스탄의 땅에서 하나님께 부르짖을 것이며,
너의 피가 조국 대한민국의 땅에서 하나님께 부르짖을 것이며,
너의 피가 열방의 땅에서 하나님께 부르짖을 것이다.
형규야, 너의 피가 생명이 되어 죽음과 분쟁,
미움과 시기가 흐르는 땅에
복음으로, 평화로 피어오르리라.

형규야, 너의 죽음은 보여 주었다.
그리스도교의 진수는 십자가를 지는 죽음이며,
우리가 두려워할 것은 죽음이 아니라,
하나님의 거룩하신 심판이란 것을.

형규야, 너의 죽음은 보여 주었다.
우리가 영원의 가치를 위해
언제든지 이 땅의 것들을 버려야 한다는 것을

형규야, 너의 죽음은 보여 주었다.
십자가!
이것만이 기독교의 정수이며,
이것만이 예수 그리스도를 따르는 자들의
참된 삶이며 증표임을.

순교자, 배형규.
내 친구, 배형규.
나는 네가 자랑스럽다.
나는 너를 만나 복되다.

형규야,
십자가를 두려워하지 않을게.
죽는 것을 두려워하지 않을게.
좁은 길을 가는 것을 두려워하지 않을게.

네가 나에게 주고 간 십자가의 선물,
꼭 잡을게.

형규야,

영광스러운 주님이 다시 오실 때
그 거룩과 위엄으로 다시 오실 때
만민은 알게 되리라.
각 족속은 알게 되리라.
너의 죽음은 죽음이 아니라 참 생명임을.
목숨을 버린 자는 영원한 생명을 얻는다는 것을.
만민은 알게 될 거야.

우리 그때 다시 만나자.
너에게 있는 예수의 흔적을 만지고,
나에게 있는 예수의 흔적을 만지며,
십자가의 흔적을 가지신 예수님의 흔적을 만지며,
어린 양 그 혼인잔치에서 기쁨을 노래하자.

부활의 날에 다시 만나자.

순교자, 배형규.
내 친구, 배형규.
생명책에 기록된 내 친구, 배형규.
복되도다, 배형규.

형규에게 이 복을 주신
하나님, 영광 받으시옵소서.
아멘.

내 친구 형규는

그리스도인은 장례식이란 말을 사용해서는 안 된다고 했어요.

그리스도인은 천국에 가서 다시 만나기에

하나님과 영원히 거하는 곳으로 가기에

천국환송예배란 말이 맞다고 했어요.

그의 말에 따라 천국환송예배를 드렸어요.

2007년 9월 8일 오전에 드린 천국환송예배.

천오백여 명 교인들의 환송을 받으며

형규는 하늘 아버지께로 갔네요.

안녕! 형규.
샬롬! 형규.

무슬림 선교사 컨퍼런스에서 만난 형규

전 세계에서 모인 무슬림 선교사들 모임이 태국에서 있었어요.
저는 그 모임에 초청받아 참석했어요.
전 세계에서 모인 500여 명의 외국인 선교사들,
그들은 무슬림을 위해 무슬림 지역에서 사역하는
선교사들이었어요.

첫 예배,

무슬림 선교를 하다 순교한 많은 선교사들의 사진과
그들이 소개되었어요.
마지막 장면,

마지막 순교자,
거기에 형규가 나왔어요.
배형규 목사…….

그리고 그 선교사님들은 순교를 주신 하나님을 찬미하며
기도를 올렸어요.

예배를 마치고 난 후
형규가 선교하려고 했던
아프가니스탄 칸다하르에서 선교하는
외국인 여자 선교사가 찾아왔어요.
그녀가 말했어요.
"배형규 목사님에 대해
우리 모든 무슬림 지체들은 아파해요.
그리고 탈레반을 대신하여 용서를 구한다고 전해 주세요.
그들은 한국인 선교사들이 떠나지 않기를 원해요.
한국에 돌아가면 말해 주세요.
제발 떠나지 말아 달라고."

내가 형규의 친구임을 말했어요.

그분은 나를 보며 위로했어요.
그리고 모든 아프간 형제들을 대신하여
용서를 구한다고 말했어요.

그 여자 선교사님의 말이 귀에서 떠나지 않았어요.
"제발 떠나지 말아 달라고 해주세요."

형규의 뒤를 이어 오늘도
아프가니스탄 사람들을 돕기 위해
선교사님들은 그곳을 향해 가고 있습니다.

텅 빈 세상

내 친구 형규는 어떠했는지 모르지만
나에겐 내 속을 털어 놓을 수 있는
친구는 딱 한 명
형규였어요.

형규가 떠난 뒤
나에게 세상은 텅 빈 세상이
되었어요.

텅 빈 세상 속에 나는
살고 있어요.

아버님, 배호중 장로님께

〈버스〉라는 뮤지컬은

내 친구 형규를 기념하기 위해 올린 뮤지컬이었어요.

〈버스〉라는 뮤지컬의 내용은 다음과 같아요.

버스 안에 마을 사람들이 탑니다.

각자 다른 목적, 다른 생각, 다른 모습으로 말이죠.

그런데 버스의 브레이크가 고장나

모두 위험에 처하게 되어요.

한 쪽 옆은 낭떠러지,

한 쪽 옆은 절벽.

내리막길이라 어느 곳을 부딪쳐도 큰 사고가 나죠.

드디어 버스를 세울 수 있는 장소가 나오지만

거긴 아이 하나가 서 있어요.

버스 승객들은 비키라고 난리였지만

끝내 그 아이를 치고서야 버스가 섭니다.

버스 승객은 무사하지만

아이는 숨진 채 발견되지요.

그 아이는 바로 버스 운전기사의 아들이었죠.
　　　　아들을 죽이고 승객을 살린 버스 기사의 슬픔과

고통이 담겨 있어요.

그리고 그것이 하늘 아버지의 마음인 것도

관객들은 알게 되지요.

다들 그렇겠지만,

저는 이 뮤지컬을 보는 내내 배호중 장로님이 생각났어요.

형규 아버님, 배호중 장로님.

아버님께 편지를 올리고 싶었습니다.

그래서 이렇게 편지를 올려 봅니다.

『사랑하는 아버님, 배호중 장로님께

오늘 뮤지컬 〈버스〉를 보는 내내 울었습니다.

사실 뮤지컬 〈버스〉는 내용을 이미 아는 드라마였습니다.

그래서 결말이 어떻게 될 지도 알고 있었습니다.

그런데 처음부터 눈물이 났습니다.

아버님이 생각났기 때문입니다.

아버님,

형규 장례식에서도 저희에게 눈물을 보이지 않으셨죠.

형규의 입관예배에서도,

형규의 총상 입은 모습을 보시면서도,

눈물을 보이지 않으셨습니다.

남몰래 눈물을 훔치시는 아버지여서지만

아들을 잃어버린 슬픔이 큰 아버지여서지만

아버님은 단 한 번도 저희에겐 눈물을 보이지 않으셨습니다.

천국의 소망, 복음을 위해 아들을 내어 준 순교의 기쁨을

더 크게 우리에게 보여 주셨지요.

아버지,
저도 아버지가 되어서
아들을 잃는 아픔이 무엇인 줄 압니다.
제 아이가 아프면 저도 잠을 이루지 못합니다.
아이의 고통 소리가 저의 고통이 되고
아이의 작은 신음이 저의 눈물이 되어
밤을 지새웁니다.
아들을 잃어버린다면
모든 것을 잃어버린 사람이 된다는 것을
저도 아버지가 되어 배웠습니다.

그런데 아버님은 그 아들을 잃어버린 아픔을
슬픔으로 눈물로 내색 한 번 하지 않으셨습니다.
존경하고 사랑합니다.
내가 과연 그럴 수 있을까 생각하면
아버님의 신앙에 고개가 숙여집니다.

아버님, 얼마나 아프셨습니까?
얼마나 우셨습니까?
순교의 기쁨을 갖고 계시지만
아들을 잃어버린 아픔 또한 간직하고 계신 것을 압니다.
아프가니스탄에 형규가 인질로 잡혀 있을 때
아버님이 드렸을 눈물의 기도.
하늘 향한 수없는 간청이 눈에 선합니다.
하나님 아버지께서 아버지의 아들 형규를 데리고 갔을 때
슬픔과 눈물을 접으시고 순교의 기쁨과 환희로 채우시고
저희 보고는 울지 말라고, 슬퍼하지 말라고 하셨지요.

아버님,
형규를 잃어버린 슬픔이 커
저는 눈물을 거두지 못하겠습니다.
뮤지컬 〈버스〉를 보면서 다시 알았습니다.
눈물을 거둘 수 없다는 것을…….

아버님,

형규도 아프가니스탄에서 수없이 지혜를 생각했겠지요.

그리고 지혜를 두고 가는 것을

아파하고 고통스러워했을 거예요.

형규도 아버지였으니까요.

아버님도 뮤지컬 〈버스〉를 보시기 위해 오셨다고 들었습니다.

그러나 차마 아버님이 어디에 계시는지

다른 사람에게 물어보지 못했습니다.

아버님 앞에 서기가 너무 부끄러웠어요.

아버님의 눈동자를 보기가 너무 창피했어요.

아버님, 건강하시지요?

〈버스〉를 보면서 내내 아버님 생각을 했습니다.

형규가 늘 아버님을 자랑스러워했답니다.

형규에게 신앙의 아버지가 계시다는 것이

제에게는 가장 아름다운 부러움이었습니다.

이제 제가 아버지가 되었습니다.
아버님처럼
저의 아들, 딸들에게 부끄럽지 않은 아버지가 되겠습니다.

아버님, 건강하세요.
형규 생각을 하는 수많은 아들들을 저는 오늘도 보았습니다.
아버님은 수많은 아들들을 둔
우리의 아버지이십니다.

아버님은 〈버스〉에 나오는 운전기사처럼

우리 모두를 위해

아프가니스탄의 생명을 위해

아들을 내어 주신 우리의 아버님입니다.

아버님 안에 하나님 아버지 마음이 있음을 기뻐합니다.

늘 강건하시기를 기도하겠습니다.

형규 친구, 원희 올림』

형규의 순교 일주년에

아프가니스탄이 복음화되지 않는 이유를 묻는 자에게
한 사역자는
"아프가니스탄을 위해 죽는 자가 없기 때문입니다"라고
대답했다고 한다.
희생 없이 열매가 없는 것은 성경적 진리다.
"열매가 없는 무화과나무를 찍어버리라"는 주인의 명령에 대해
과수원지기는 청했다.
나무는 3년의 기회가 연장되었다.
오늘 아침 경건의 시간에 이 비유로 내게 말씀하셨다.
지금이 주님이 주신 3년의 기간일지도 모른다는 생각.

(1993년 〈형규의 팡세〉에서)

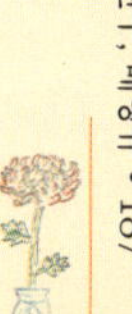

형규가 순교한 뒤
〈형규의 팡세〉에서 이 대목을 읽었어요.

아프가니스탄이 복음화되지 않는 까닭을 묻는 자에게
한 사역자는
"아프가니스탄을 위해 죽는 자가 없기 때문입니다"라고
대답했다.

**〈형규의 팡세〉처럼 형규는
아프가니스탄을 위해 죽었어요.**

일 년이 지났어요.
형규를 생각하면 지금도 눈물이 나요.
그리움이 마르지 않고 보고픔이 그치질 않아요.
보고픔이 눈물이 되어 기도가 됩니다.
형규를 기억하는 모든 사람들은
가슴 속에 그리움의 지붕이 있을 것입니다.

그 지붕으로 올라가

형규를 만날 날을 기다리고 있을 것입니다.

세월^은 그리움^을 지울 수 없습니다.

좋은 씨앗

농부는 좋은 씨앗을 골라 밭에 뿌립니다.
좋은 씨앗은 죽는 씨앗입니다.
하나님은 이 땅에 하나님 나라가 임하게 하기 위해
좋은 씨앗을 고르십니다.
그리고 그 씨앗을 죽게 하십니다.
좋은 씨앗은 죽는 씨앗입니다.
(형규 순교 일주년 기념예배 설교에서)

형규는 하나님의 좋은 씨앗이었습니다.
그래서 죽은 것입니다.
형규의 죽음을 통하여

아프가니스탄에 많은 열매가 맺히기 때문입니다.

우리는 좋은 씨앗들이 아닙니다.

그래서 아직 죽지 않고 살아 있는 것입니다.

그러므로

우리는 형규를 위해 울지 말고

우리를 위해 울어야 합니다.

좋은 씨앗이 되게 해달라고요.

좋은 씨앗만이 순교할 수 있습니다.

형규를 이 세상에서 볼 수 없는 슬픔은 하늘만큼 큽니다.

좋은 씨앗이 되지 못해

형규처럼 순교의 축복을 받지 못한 아픔도 하늘만큼 큽니다.

이제 우리를 위해 울 때입니다.
좋은 씨앗 되지 못한 우리를 위해.

"**한**알의 밀이 땅에 떨어져 죽지 아니하면

한 알 그대로 있고

죽으면 많은 열매를 맺느니라"

(요 12:24)

형규가 순교자 추서된 날

내 친구 형규의 순교자 추서, 존영 전시 감사예배가
순교자 기념관에서 있다는 기별을 받고 갔습니다.

예배를 드리고 순교자 추서식 증정을 하는 동안
　　　　내 시선은 벽면에 걸려 있는 형규의 초상화(존영)에
내내 가 있었습니다.
초상화는 내게 더 이상 그림이 아닌 그리움이었습니다.
내 친구 형규는 웃고 있었습니다.
형규의 환한 웃음에 반가운 슬픔이 밀려왔습니다.

빨리 추서식 증정이 끝나고

사람들이 다 빠져 나가길 기다렸습니다.
내겐 순교자 추서식보다도
초상화 속 형규의 얼굴을 가까이 가 한번 보는 것이
내 그리움을 대신할 수 있기 때문입니다.

당장 달려가 만지고 싶었지만
사람들 보는 앞에서 우는 모습을 보일 순 없었습니다.
나만큼 그립지 않은 사람들이 없었기 때문입니다.

형규 어머니는 내내 당신과 사진을 찍기를 원했습니다.
아들에 대한 그리움이 아들 친구인 나에게 있음을
직감할 수 있었습니다.

어머니의 아들에 대한 그리움이
세상 사람들의 어떤 위로나 말로도
대신할 수 없다는 것을 알고 있습니다.
어머니도 그리움을 참고 저렇게 웃고 계신데
친구인 내가 초상화 앞에서 흐느낄 순 없었습니다.

사실,

어머니의 웃는 모습 속에 누르고 계신
아들에 대한 그리움을 느낄 수 있어
나의 가슴은 아팠습니다.
저렇게 참고 계신데 친구인 내가 울 수는 없습니다.
다들 나가고 난 뒤
드디어
홀로 남게 되었습니다.

그제서야 초상화 속 형규의 얼굴을 쓰다듬고
몇 번이나 쓰다듬었습니다.
안고 싶었습니다.
그러나 안을 수 없었습니다.
얼굴은 있는데 몸은 없었습니다.
내 몸 덩어리에서 그리움을 호소했지만
안을 순 없었습니다.
손으로 만지는 것만으로
몸의 그리움을 달래야 했습니다.

잊고 산 것 같은데
잊고 산 것이 아니라
잊은 척 산 것이었습니다.
초상화를 보는 것으로도 이렇게 기쁘고 족할 줄 몰랐습니다.

그리움은
그리움의 흔적들에게 이렇게 생명으로
불어넣는 줄 미처 몰랐습니다.
초상화를 만지는 것만으로
위로가 된다는 것이 신비였습니다.

오늘은 사실 참 기쁜 날입니다.
형규가 순교자로 통합측 총회에서 추서된 후
순교자 기념관에 순교자로서 추인되는 날이기 때문입니다.

여러 번 왔던 순교자 기념관에서
한국 교회를 위해 순교한 순교자들의 얼굴을 접하면서
교회는 순교자의 피를 먹고 자란다는 생각을 했습니다.
그들은 나에게 참으로 먼 신성한 분들이었습니다.

그 순교자들의 반열에 이제 내 친구, 배형규가 있습니다.

순교란 그리스도인에게 신성함이 아니라
친근함이라는 사실을 형규는 다시 가르쳐 줍니다.
감사하고 감사한 일입니다.
너무나 감사한 일입니다.

나는 참 행복자입니다.
순교자 친구를 두어서 나는 참 행복자입니다.
이런 영광을 저에게 주신 하나님께 참 감사했습니다.

감사하고 또 감사했습니다.
이렇게 감사의 기도를 깊이 드릴 수 있게 된 것은
형규가 준 선물입니다.
죄 많고 허물 많은 나에게
순교자 친구를 주신 것은 큰 선물입니다.
행복입니다.
친구가 그립고 보고 싶어 슬픔은 가득하지만
순교자 친구를 둔 행복은 그 슬픔을 거둡니다.

아, 나는 행복자입니다.
인생을 살면서 이 죄인에게
그리스도를 만나게 해주신 것도 과분한 일인데
순교자 친구, 배형규를 주신 것은 비천한 저에게
넘치는 은혜입니다.
내 친구 형규를 만나게 해주신 은혜만으로도
나는 복된 인생을 살았습니다.

아! 나는 복됩니다.
이 복됨이 너무너무 감사하여
웃고 있는 형규 영전 앞에서
액자 속 얼굴을 만지고 또 만지면서
울고 또 울었습니다.

행복에 겨워 울었습니다.

"형규야, 고맙다.
형규야, 사랑한다.

형규, 너 또 웃고 있네. 녀석…….
나중에 또 보자."

초상화 앞에서 인사하고
돌아오는 길에
내 친구 배형규가
다시 그리움으로 다가옵니다.

형규가 다시 보고 싶어졌습니다.

형규를 만든 하나님의 숨

"여호와 하나님이 흙으로 사람을 지으시고 생기를 그 코에 불어
넣으시니 생령이 된지라"(창 2:7)

대학 시절 내 친구 형규와 제주 순례 전도를 하자고
약속을 하고서는 다리가 삐어 가지 못했어요.
형규는 대신 다른 친구들과 제주 순례 전도를 했지요.
제주도 복음화가 4.5퍼센트(8퍼센트라는 이야기도 있음)라는
이야기를 듣고
젊은 우리가 제주도 전도여행을 하자고 약속했거든요.
그 약속을 저는 지키지 못했어요.

형규가 순교한 후 제주도에 가고 싶어졌어요.
형규라는 믿음의 사람이 만들어지기 위해서는
수많은 사람들이 있었을 거예요.
"형규 부모님, 영동교회, 샘물교회, 박은조 목사님,
이찬형 목사님, 한국대학생선교회, 사랑방, 청년회……."
그러나 그 전에 제주도에
믿음의 씨앗을 뿌린 사람들이 있었을 거란 생각이 들었어요.
그 생각은 형규를 만든 제주도에 온 믿음의 사람들을
만나기 위한 제주 순례여행을 계획하게 했어요.

창세기 2장 7절에서, 하나님이 아담에게 생명의 숨을
불어넣었어요.
아담에게 부여된 생명의 숨은 지속적으로
하나님이 불어넣어요.
아담, 아벨, 셋, 노아, 아브라함, 모세, 다윗……
그리고 영원한 생명을 주시기 위해 예수님이 오시지요.

그 예수님을 통해 생명을 받은 사람들을 통해
생명은 이어져 오지요.
형규가 태어나기도 전에 하나님의 숨이
제주도에 불었졌을 거예요.
저는 형규를 만드신 하나님의 숨을 제주도에서
만나고 싶었어요.
형규는 하나님의 생명이니까요.
그래서 형규에게 불어넣은 하나님의 숨을 느끼기 위해
제주도 순례여행을 시작했어요.

제주 순례여행 처음 출발지는
이기풍선교기념관이었어요.
이기풍선교기념관에는 세 개의 순교비가
있어요.

하나는 이기풍 목사님,

하나는 이도종 목사님,
하나는 내 친구 배형규 목사님 순교비였어요.

제 눈에 세 순교비는
한 대나무 줄기에서 순처럼 뻗어 자라 올라 온 것처럼
보였어요.
그 순간
하나님의 숨을 느꼈어요.
이기풍 목사님에게 불어넣은 하나님의 숨이
이도종 목사님에게,
이도종 목사님에게 불어넣은 하나님의 숨이
배형규 목사님에게,
배형규 목사님에게 불어넣은 하나님의 숨이
누군가에 흘러들어가
하나님의 생명을 만든다는 사실을요.

저는 이기풍선교기념관에서
세 순교비를 보며
한참을 서 있었어요.

제주 바람을 맞으며 서 있는 세 순교비에서

우리에게 생명을 불어넣으시는 하나님의 숨결을,

형규에게 생명을 불어넣으신 하나님의 숨결을
느끼면서요.

{ 제주 순례 2 }

이기풍 목사님

내 친구 형규에게 주신 하나님의 생명 숨을 찾기 위해
처음 내가 순례 길에서 만난 분은 이기풍 목사님입니다.

우리나라 최초 선교사님은 이기풍 목사님이예요.
1907년 평양대부흥이 일어나던 시절,
조선 처음 노회, 독노회는 이기풍 목사님을
제주도 선교사로 파송해요.
한국에 들어온 선교사님들은 우리 민족의 땅 끝으로
가고 싶어 했지요.
복음을 필요로 하는 곳, 영혼이 있는 곳,
땅 끝에 그들의 눈이 가 있었지요.

이기풍 목사님은 예수 믿기 전 평양에서
마포삼열 목사님을 핍박했어요.
전설같이 들려오는 이야기에 의하면
예수 믿기 전 이기풍 목사님이 마포삼열 목사님에게 돌을 던져
턱에 큰 부상을 입혔다고 해요.
이기풍 목사님이 제주도 선교가 너무 어려워
육지로 나가겠다고 하자
마포삼열 목사님이 "당신의 돌에 맞아 깨진 내 턱의 상처가
아물지 않았으니 제주도에서 올라오지 마시오"라고
했다고 해요.
사실 마포삼열 목사님 턱은 어린 시절 다친 것이라고 해요.

"평양신학교 졸업생 7인 목사 중에 제주 선교사로
갈 사람 나오시오"라고 했을 때
길선주 목사님이 이기풍 목사님께
"마포삼열 목사님을 핍박한 평양의 사울 이기풍 목사,
자네가 가야 한다"고 했대요.
이기풍 목사님은 그 말에 순종했고

사랑의 빚진 심정으로 목숨 걸고 제주도에 갔지요.
이기풍 목사님은 1908년 제주에 도착해 선교를 시작했어요.

내가 직접 조사하고 방문한
이기풍 목사님이 세운 교회와 설립에 도움을 준 교회는
성내교회, 성안교회, 동부교회, 금성교회, 한림교회, 용수교회,
고산교회, 모슬포교회, 중문교회, 법환교회, 성읍교회, 김녕교회,
조천교회, 삼양교회였습니다.

형규의 아내, 김희연 사모님이 삼양교회 출신이니
이미 형규에게 임할 하나님의 숨, 생명은
이기풍 목사님 때부터 시작된 것입니다.

제가 만난 한 목사님은 제주도의 복음화율은
4.5퍼센트 정도라고 했어요.
어떤 보고서에 7~8.5퍼센트로 기록된 것과 다른 견해였어요.
그분은 육지에서 온 그리스도인이 4퍼센트 정도이니
실제 제주 토착민 그리스도인은 1퍼센트가 채 안 된다고 했어요.
이기풍 목사님이 뿌린 제주의 첫 씨앗이 하나님의 숨이 되어

제주 복음화를 지탱하고 있었습니다.

이기풍 목사님은
1917년 대한예수교장로회 10대 총회장이 되었지만,
그의 마지막 사역지는 전남 여수 우학리라는 섬이었어요.
이기풍 목사님은 신사참배의 모진 고문 끝에
우학리라는 섬에서 1942년에 순교하셨어요.
이기풍 목사님은 늘 땅 끝으로 향해 가셨습니다.

이기풍 목사님이 뿌린 생명의 씨앗은
제주에 하나님의 숨이 되어
형규에게 피워졌습니다.

형규가 뿌린
생명의 씨앗은
아프가니스탄에 하나님의 숨이 되어
그 누군가에게서
피어날 것입니다.

제주 해변에 핀 꽃 한 송이가

오늘따라 유난히 아름답습니다.

이도종 목사님

내 친구 형규에게 주신 하나님의 숨을 찾기 위해
대정교회에 들렀어요.
대정교회에는 이도종 목사님의 순교비가 있어요.
이도종 목사님 순교비는 이기풍선교기념관에도 있어요.
이도종 목사님은 이기풍 목사님에게 세례를 받고
목사가 된, 제주 출신의 첫 목사이며 첫 순교자입니다.

조선예수교장로회신학교를 졸업하고 전북 김제에서
목회를 하다 제주 복음화를 위해 내려왔어요.
그리고 고산교회를 중심으로 화순교회, 대정교회 등을 돌며
순회 목회를 했어요.

"제주도가 왜 복음화율이 낮은가요?"라는 저의 질문에
한 목사님이 답해 주셨어요.
"제주도를 참으로 사랑한 목사가 없어서겠지요."
이도종 목사님은 제주 출신 목사로서 제주에서 순교한
첫 목사이기에
제주 사람에게 남다른 목사입니다.
이기풍 목사를 통한 하나님의 숨이 이도종 목사에게
생명으로 심겨졌어요.

형규는 음악을 통해 찬양하는 것을 무척 좋아했어요.
대학 시절 한 농촌 교회에서 학생들을 모아
크리스마스 칸타타 연습을 시키고
발표회 날 지휘를 하며 행복해하던 모습이 눈에 선해요.
음악엔 젬병이던 저에겐 참으로 신기하게 여겨졌어요.

그런 형규가 어느 날 바이올린을 배우고 있었어요.
형규에게 왜 바이올린을 배우냐고 물어보았어요.
언젠가 제주도나 해외 오지 선교를 가게 되면 아이들에게

악기를 가르치고 싶다고 했어요.
형규는 제주도를 사랑했어요.
안식년에 제주도 가서 제주조수교회 김정기 목사님을 도와
제주 청년들을 양육하고 섬겼어요.

이도종 목사님은 1948년 6월 순회 예배 중
제주 4·3 사건 때 무장공비들에게 잡혔어요.
자기들을 위해 축복기도를 해달라는 공비들의 부탁에
나는 목사로서 모든 사람을 위해 기도할 수 있으나
사람을 죽이는 일을 하는 사람을 위해 기도할 수는
없다고 했어요.
목사님은 생매장 당하는 순교를 했어요.
그는 자신의 찬송가와 성경책을 주면서
주 예수를 믿으라고 권면한 뒤
그들의 죄의 용서를 구하며 흙 속에 묻혀 순교했어요.

제주 출신 첫 순교자 이도종 목사님.
제주 출신 해외 순교자 배형규 목사님.

하나님의 숨

이 생명이 되어
생명은 생명을 낳아

제주도에서 열방으로 흐르고 있었어요.

서서평 선교사님, 최흥종 목사님

내 친구 형규에게 주신 하나님의 숨을 찾기 위해
순례의 길을 걷다가 모슬포교회에 들렀어요.
모슬포교회는 이기풍 목사님이 세운 교회인데
모슬포교회에 서서평 선교사님과 최흥종이란 목사님이
제주 복음화를 위해 왔다고 해요.

이들이 누군지 궁금했어요.

서서평 선교사님은
쉐핑(Elizabeth Johanna Shepping, 1880~1934)이란 이름의
독일계 미국인 선교사였어요.
22년이나 전라남도 광주를 중심으로 선교했어요.

그녀는 독신으로 열네 명의 조선 고아를 입양했어요.

그녀가 죽었을 때 반쪽의 담요, 7전(당시 한 끼 식사가 3원),

강냉이 가루를 남기고 돌아가셨어요.

자신의 모든 재정을 조선 사람을 위해 드렸어요.

돌아가실 때 자신의 시신을 조선의 의학 발전을 위해

기증하셨어요.

그녀는 일 년 중 한 달은 말을 타고 돌아다니며 복음을 전했어요.

추자도, 제주도에는 여러 번 들어가서 복음을 전했어요.

마지막 선교 사역이 제주 모슬포교회 말씀사경회였어요.

서 선교사님이 병중에 있어 모든 사람들이 말렸지만,

그는 하나님의 선교 사역을 멈출 수 없다고 하여

1933년 8월 제주 모슬포에서 순회전도를 하고 난 후

1934년에 6월에 소천해요.

제주 모슬포교회에서의 말씀 사역이

서서평 선교사님의 마지막 선교 사역이었어요.

선교사님의 장례는 광주시민장으로 거행됐는데

당시 일본 경찰, 독립투사, 한센 환우, 양반, 천민
누구나 할 것 없이 참여했다고 해요.
진정한 샬롬이 그 장례식을 통해 일어난 거예요.

서서평 선교사님의 침대 맡에 걸려 있던 좌우명은
다음과 같았어요.
"성공이 아니라 섬김이다(NOT SUCCESS, BUT SERVICE)"

서서평 선교사님의 묘지는 광주 양림동에 초라하게 있어요.
그러나 서 선교사님을 통해 분 하나님의 숨은 생명이 되어
흐르고 있어요.

서서평 선교사님이 가장 중요하게 여긴 사역은
한센 환우들을 돌보는 것이었어요.
그녀는 간호사 출신으로 의료선교사님이었죠.

광주나병원,
이곳에 하나님의 숨, 생명이 어떻게 흘러들어갔는지
살펴볼까 해요.

광주에 온 미국 남장로회 대부분의 선교사님들은
제주도에 들어가 복음을 전했어요,
제주도가 전라도 선교 지역이었기에
미국 남장로교 선교사님들에겐 땅 끝이었죠.

오웬(C. C. Owen 1867~1909, 한국명: 오기원, 오원)이란
선교사님이 있었어요.
오웬 선교사님은 오 목사라 불리기를 좋아했어요.
당시 조선의 천민들은 이름이 없었기에
이름 없이 자신의 성, '오'만으로 불리기를 좋아했어요.
그만큼 조선인들을 사랑했어요.
그래서 광주 양림동 그의 무덤에도
'오 목사의 묘'라고 되어 있어요.
'오 목사의 묘'라는 묘비명 앞에서
생명을 불어넣은 선교사님의 따뜻함이 전해졌어요.

오 목사님도 전남 고흥, 보성, 완도 등지를 돌며
복음을 전했어요.
완도 최초의 교회, 1904년에 세워진 관산리교회도

오웬 선교사님의 전도로 세워진 교회지요.

선교사님은 1909년 고흥 지역에 복음을 전하다

갑자기 폐렴을 앓았어요.

급히 광주로 갔으나 위독했어요.

광주에 있던 의사, 윌슨(Robert M. Wilson) 선교사님이

목포에 있었던 의사, 포사이드(Wiley Hamilton Forsythe, 1873~1918)

선교사님에게 빨리 오라고 연락을 했어요.

제주 성내교회 당회 기록을 보면 포사이드 선교사님도

삼천 장의 전도지를 제주읍에 뿌렸다고 해요.

포사이드 선교사님은 영혼이 아름다운 사람이었어요.

잡힌 참새들을 보면 돈을 주고 풀어 주며

참새들에게 하나님을 노래하라고 했다고 해요.

포사이드 선교사님이 목포에서 광주로 오다가

한 여인이 쓰려져 있는 것을 보았어요.

그 여인은 한센병에 걸린 사람이었어요.

포사이드 선교사님은 그 여인을 말에 태우고

자신은 걸어서 광주로 가요.

그 사이 오웬 선교사님은 하나님께로 갑니다.

사모님의 태중에는 아빠 얼굴을 못 본 아이가 있었어요.
하나님은 한 생명을 통해 놀라운 생명의 일을 이루어 나가요.
포사이드 선교사님이 그 한센병 여인을 치료하려고
광주 제중원(현, 광주기독병원)에 눕히니 조선 환우들이 거절해요.
한센병이 전염병이 아님에도 그들은
병이 옮겨질까 두려워했어요.

할 수 없이 포사이드 선교사님은 그 여인을 데리고
가마터로 갑니다.
사람들이 구경하러 포사이드 선교사님을 따라옵니다.
그 중에 최흥종(1880~1996)이란 집사가 있었어요.
그 여인의 품에서 막대기가 떨어집니다.
포사이드 선교사님이 주워 달라고 하니
어느 누구도 줍지 않았어요.
안면이 있는 최흥종 집사에게 주워 달라고 했어요.
최흥종 집사는 몇 번 망설이다 주워서 전했어요.
이 사건은 최흥종 집사에게 충격적 사건이었어요.

"왜 조선인 그리스도인인 나는
한센병 조선인을 사랑하지 못하는데
저 외국에서 온 선교사는
한센 조선인을 사랑할 수 있단 말인가?"

최흥종 집사는 회개하고 부모에게 물려받은 땅
천여 평을 윌슨과 포사이드에게 기증해요.
그것이 광주나병원이 되고 나중에 여수 애양원의
모체가 되어요.
최흥종 집사는 나중에 목사가 되어
제주 모슬포교회 담임목사(1929~1931년)로
목회를 하게 되어요.
서서평 선교사님과 최흥종 목사님은 오누이처럼
친한 사이가 되고요.

두 분은
소록도에 행해지는 부당한 한센 환우들의 대우를 듣고는
광주에서 서울 조선총독부까지 시위 행진을 해요.
나중에 500여 명의 한센 환우들이 동참하여

조선총독부로부터 한센 환우들의 인간다운 대접을
약속받게 되어요.

나중에 **여수 애양원**으로 광주한센병원이 옮겨갈 때
한센 교우들이 포사이드 선교사님의 사랑을
잊을 수 없어
그의 기념비를 들고 여수 율촌리까지 가요.
150킬로미터의 **그 먼 거리를 걸어가면서**
포사이드 선교사님을 통해 불어 주신 하나님의 숨,
생명을 잊을 수 없어
그 기념비를 **안고 들고** 갔어요.

저는 그 기록을 보면서 울었어요.

그리고 다음 글을 읽으면서 한없이 부끄러웠어요.
"조선의 문둥병자를 이 땅의 오천 년 역사 가운데 진정 사랑한 사
람은 누구인가? 고종인가? 개혁파인가? 동학을 일으킨 사람들인
가? 가톨릭 신부였던가? 아니었다. 멀리에서 온 외국인 선교사들
이었다."

포사이드 선교사님도 병을 얻어
미국으로 가셔서 소천합니다.

손양원 목사님은 부산 상애원이란 한센환우 공동체에서
한센인들과 친분을 갖게 되어요.
매켄지 (Rev. James Noble Mackenzie)라는 선교사님이
상애원을 돌보았지요.
그래서 손양원 목사님의 신학교 학비를 한센 환우들이
돕게 되어요.
손양원 목사님은 여수 애양원으로 와 한센환우들을
친 가족처럼 여기며 섬기다 순교하시지요.

아! 하나님의 숨은 생명을 낳고 생명을 낳네요.
서로 생명을 주네요.

오웬, 포사이드, 윌슨, 서서평, 최흥종, 매켄지, 손양원
그 수많은 생명들이 하나님의 숨이 되었네요.
그리고 그 생명들이 하나님의 숨이 되어

제주도에 생명을 불어넣네요.

포사이드, 서서평, 최흥종 그리고

유진벨, 프레스톤, 변요한, 폴시더 등

수많은 선교사님이 제주까지 와 생명을 불어넣었네요.

작은 민들레 씨앗이 하늘을 날아 먼 곳에 가 생명을 뿌리듯

제주에 생명을 피우기 위해 우리가 알지 못한

많은 선교사님이 복음의 씨앗을 뿌렸네요.

**배형규라는 한 생명의 꽃이 피기 위해
수많은 생명들이 하나님의 숨이 되었네요.**

제주 돌담길에 핀 예쁜 꽃 한 송이를 보면서 생각했어요.

한 송이 꽃을 피우기 위해

하나님은 바람을 부셨네요.

형규라는 믿음의 사람을 키우기 위해

하나님은 수많은 숨을, 생명을 불어넣으셨네요.

아시나요?
당신을 위해 하나님은 아담 때부터 생명을 불어넣어
지금까지 수많은 숨, 생명을 불어넣으셨다는 사실을.
당신은 수천 개의 세포로만 만들어진 것이 아니라
당신은 수천 사람의 생명으로,
하나님의 숨으로 만들어진 존재라는 사실을.

제주 순례길에서

나는

형규를 만드신

하나님의 숨을 만났습니다.

형규는 하나님의 숨입니다.

당신은 하나님의 숨입니다.

제주 영락교회

나의 마지막 제주 순례여행의 끝은
제주 영락교회였어요.
제주 영락교회는 내 친구 형규의 모교회였어요.
형규가 대학 다닐 때와 결혼할 때 오고 나서
참 오랜만에 왔네요.

제주 영락교회는 6·25 전쟁 때 서울에서 피난 온
그리스도인들이 모여 예배당을 세운 피난민 교회예요.
그때 피난민 교회들을 성내, 성안 등
제주의 여러 교회 교우들이 열심히 도와주었대요.
전쟁의 비극 속에서 하나님의 교회는 세워져 갔어요.

그 전쟁의 비극 가운데 세워진 제주 영락교회에서
형규라는 아름다운 청년이 자랐어요.

형규가 순교한 땅,
아프가니스탄도 오랫동안 전쟁의 비극 가운데 있지요.
고통당하는 아프가니스탄 백성들 가운데
280만 정도가 난민이 되어 이란, 파키스탄 등지로
떠돌아다니고 있어요.
아프가니스탄 전쟁의 비극 가운데서도
그 땅에 하나님의 교회가 세워질 거예요.
그 백성들 가운데 형규 같은
아름다운 청년들이 세워질 거예요.
형규의 제자들 가운데에서
평생을
아프가니스탄 난민들을 돕기 위해
난민이 있는 그곳으로 떠난 형제들이 있어요.
하나님은 전쟁 가운데서도
비극의 한가운데서
생명의 숨을 불어넣고 계시지요.

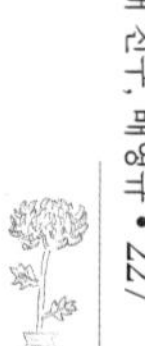

제주 영락교회 앞마당에 형규의 순교비가 있네요.
2012년 12월 제주 영락 교우들이 세운 순교비예요.

이렇게
기록되어
있네요.

"선한 마음씨, 깊은 영성의 제주 영락교회 출신 목사"
형규를 너무나 잘 표현한 글귀예요.

제주를 두고 돌아오는 길
형규가 보고 싶어 뒤돌아보았어요.
형규가 없는 빈 자리에
하나님의 숨이 바람이 되어 앉아 있었어요.

거룩한 땅, 대한민국

내 친구 형규와 배낭여행할 때
베네치아 중심부 마르코 광장에 간 적이 있어요.
거기 성 마르코 성당이 있어요.

마르코 성당에는 우리가 아는 마가복음을 쓴
마가 사도의 유골이 있어요.

베네치아 사람들은 자신의 땅을 거룩한 땅으로 만들고 싶었어요.
그래서 일급 성인 유골을 묻은 성당을 갖고 싶어 했지요.
이들은
알렉산드리아에 마가 사도의 유골이 있다는 사실을 알고
몰래 들어가 훔쳐왔어요.

그리고 베네치아의 중심 광장에 마가 사도의 유골을 묻고
성 마르코 성당을 세웠지요.
그날을 베네치아 시민들은 기념하고 기뻐했지요.
자신들의 땅이 거룩한 땅이 되었다고요.

놀라지 마세요.
우리나라에는 220개의 선교사들과 순교자들의 무덤들이
있다고 해요.
서울 양화진, 군산, 전주, 광주, 목포, 부산, 강릉…….
우리나라 전역에 있어요.
우리나라야말로 거룩한 땅이네요.
형규의 유골은 아직 이 땅에 묻히지 않았어요.
우리 민족은 성인의 유골을 훔칠 욕심도 부리지 않았는데
하나님께서 이 땅에 거룩한 죽음을 묻고 또 묻으시네요.
우리 민족의 땅, 대한민국이 거룩한 땅이 되라고요.

형규 도 우리 민족에게 주신 아름답고 거룩한 선물 입니다.

내가 가장 좋아하는 형규 사진

내가 가장 좋아하는 내 친구, 배형규 사진은
나와 함께 찍은 사진이 아니에요.
샘물교회를 방문할 때마다 보게 되는 사진,
교회 벽에 청년 누군가가 만들어 놓은 사진이에요.
수많은 청년들의 사진으로 형규의 얼굴을 만든 사진입니다.

내 친구 배형규는 홀로 믿음의 사람이 될 수 없었어요.
제주에서 만난
수많은 하나님의 생명의 사람들이 있었고요.
형규 어머니 아버지가 계셨지요.
그리고 수많은 청년 공동체 지체들이 있었어요.

형규가 청년회 공동체를 하나님의 공동체로 만들기도 했지만
청년들이 형규를 만들기도 했어요.

형규가 폐병에 걸려 고향 제주도로 안식년을 갔을 때
저는 청년회 홈페이지에서 형규를 생각하는 청년들의
수많은 댓글들을 보았어요.
형규를 기다리는 수많은 형제들의 글들이었어요.
제가 너무 부러워 형규에게 말했어요.

"형규야, 수많은 청년들이 널 사랑하고 존경하나 봐.
내가 놀랬다.
나는 그렇게 목회자를 그리워하는
수많은 청년들의 댓글을 본 적이 없어."

"원희야, 그 청년들이 나를 만든 거야.
그들의 사랑이 나를 영원한 청년 사역자로 만든 거야.
나는 평생 이 청년들을 위해 내 삶을 드릴 거야."

나는 그때 한 개인이 보편 교회라는 것을 알았어요.

한 개인에게 교회 모든 지체가 얼마나 소중한지,
교회 모든 지체들에게는 한 개인이 얼마나 소중한지를
형규를 통해 알게 되었어요.

형규가 가장 좋아하는 단어는 '은혜'였어요.
"나의 나 됨은 주의 은혜입니다."
형규의 고백처럼, 형규의 형규 됨은
주님의 은혜와 수많은 지체들의 은혜 때문입니다.
수많은 지체들의 사진으로 만들어진 형규 사진을 볼 때마다
저는 형규를 보고 말합니다.
"형규야, 너는 청년들을 만들고 청년들은 너를 만들었네."
형규는 수많은 청년들과 함께
그 사진에서 지금도 웃고 있습니다.

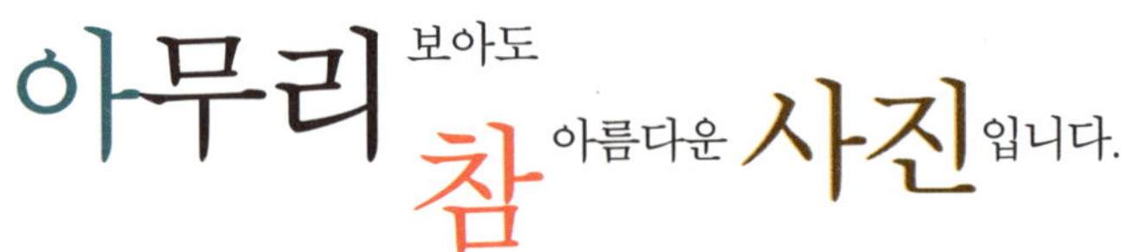

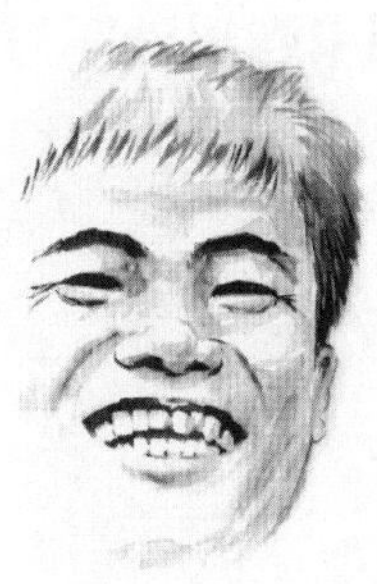

"내 친구 형규야, 샬롬! 평생 샬롬!"

친구, 원희

순교자 배형규 목사를
사랑한 사람들

2007년 7월 27일 아프가니스탄에서 탈레반의 총탄에 숨을 거둔 젊은 목사 배형규가 있었다. 나는 그를 이 시대의 순교자의 반열에 세우기를 주저하지 않는다. 그는 어쩌다가 사지(死地)에 가서 잡혀 죽은 사람이 아니다. 그를 조금이라도 아는 사람이라면, 그를 조금이라도 들여다본 사람이라면 비판적인 생각이 머리에 둥지를 틀지 못할 것이다.

순교자적인 삶에서 순교가 비롯되는 것이다. 순교자는 어쩌다가 순교하는 것이 아니다. 그의 순교적인 일상의 삶에서, 사상에서, 마음에서 순교는 준비되는 것이라 믿는다. 그 젊은 배 목사의 삶은 이미 순교를 준비하고 있었다. 여기 그의 절친한 친구 박원희 목사의 글을 보면 알게 된다.

박원희 목사가 배형규 목사와의 우정을 나눈 삶의 이야기를 《내 친구, 배형규》라는 책으로 펴내니 반갑기 그지없다. 박원희 목사는 내가 한 번도 만난 적은 없지만, 배 목사의 대학 시절부터 절친한 친구였다는 것을 배 목사의 글에서 이미 알고 있었다. 배 목사와 같이 배낭을 메고 스위스를 여행하면서 '칼빈의 무덤'을 찾아 갔던 이야기, 배 목사가 군대에서 발병한 피부병에 대한 고민을 나누던 이야기 등 일상의 삶을 나누면서 우정과 신앙을 쌓아 간 박원희 목사 역시 배 목사와 많이 닮아 있다고 느꼈다. 그의 간결하고 정돈된 글에서 그의 마음, 그의 영성, 그의 인격이 배어 나오는 것을 알 수 있다.

박원희 목사 역시 순교자 배형규와 닮은 순수하고 아름다운 순교적인 삶을 살아가는 이 시대의 젊은 목회자임을 감사하게 생각한다.

김정서 목사
(제주 영락교회 담임 · 배형규 목사의 모교회)

배형규 목사는 2007년 7월 아프가니스탄에서 복음을 위해 아프가니스탄 백성을 위해 자신의 목숨을 드렸습니다. 그의 순교는 목숨을 바쳐도 아깝지 않은 복음의 소중함을 증언한 것입니다. 그리고 가장 고단한 삶을 살고 있는 아프가니스탄 사람들을 위해 자기 목숨을 내어 주는 사랑의 증언이었습니다. 배 목사의 절친인 박원희 목사를 통해 이 책에서 우리가 그를 다시 만나는 것은 그리스도인의 귀한 특권입니다. 이 책과 함께 배형규 목사가 목숨 바쳐 사랑한 하나님과 더 친밀해지는 축복이 있기를 빕니다.

박은조 목사

(은혜샘물교회 담임 · 배형규 목사와 평생 동역)

　가장 멀리 떠난 친구를 가장 가까이 두는 법을 아는 박원희 목사님의 글을 읽으며 나의 사랑하는 이, 배형규 목사를 오랜만에 곁에 두었습니다. 너무 그리워서 이름만 떠올려도 눈물이 나던 그 이름이, 그와 함께한 시간들이 제자리를 찾아가는 것 같습니다.

이찬형 목사
(샘물중고등학교 교장 · 배형규 목사를 양육)

　동생과 함께 어린 시절을 보내고 형제로서 늘 가까이 지내왔다고 생각했지만, 동생의 순교 이후 동생의 친구, 선후배, 청년회 제자들을 통해 제가 몰랐던 동생의 모습에 대해 많이 알게 되었습니다. 특히 동생의 둘도 없는 친구인 박원희 목사님의 글을 읽으면서 더욱 그랬습니다. 박원희 목사님만큼 청년 시절부터 동생이 살아온 진솔한 삶을 있는 모습 그대로 알고 계신 분이 또 있을까 생각해 보았습니다.

　2007년 아프가니스탄 사건 당시 여론과 심지어 한국 교회의 비난까지 받으며 힘들어할 때, 누구보다 동생을 가장 가까이서 잘 아는 친구인 박원희 목사님의 글은 저희 가족에게 얼마나 큰 위로가 되었는지 모릅니다. 이 글을 읽고 동생의 삶 자체가 하나님께 드려진 순교자의 삶이었음을 다시 한 번 기억하면서 저 자신도 부끄럽고 부족하지만 동생이 걸어갔던 그 길을 걸어가리라 다짐하게 됩니다. 박원희 목사님께 감사드리며 하나님께 영광을 올려드립니다.

배신규 장로(배형규 목사의 형)

　배형규 목사님을 한 단어로 표현하자면 저는 '사랑의 실천자'라고 합니다. 목사님이 어려운 사람의 부탁을 거절하는 것을 저는 한 번도 본적이 없습니다. 청년회 지체 한 명 한 명을 위해 목숨 걸고 사역한 목회자. 아마도 목사님의 가족 외에, 가장 존경하고, 어려운 일 생길 때 가장 먼저 떠오르는 사람으로 배 목사님을 생각하는 사람이 저 말고도 헤아릴 수 없이 많을 것입니다. 생각할수록 눈물 나고, 가슴이 저밉니다. 사랑하는 형규 순장님, 형규 형이 사무치게 보고 싶습니다.

　이 책을 통해 형규 형에 대한 그리움을 만나시길 바랍니다.

김효진 형제
(배형규 목사의 대학 후배이며 샘물교회 청년회 교사로 동역)

《내 친구, 배형규》를 저는 '나의 형, 배형규'로 만났습니다. 대학 시절 사랑방장으로 시작된 이 만남이 이리 가슴 저미도록 그리울 줄은 몰랐습니다. 그래도 그 사연이 아픔이 아니라 기쁨이요, 원망이 아니라 감사요, 절망이 아니라 소망이라는 사실을 다시 한 번 확인케 되는 이 책의 주인공이 배 목사님과 함께하신 예수 그리스도이심이 너무너무 자랑스럽습니다.

윤만선 목사(배형규 목사와 사랑방 생활을 함)

배형규 목사님을 추모한 이 책을 읽으며 예수님의 모습이 떠올랐습니다. 배형규 목사님이 가는 곳엔 섬김과 참회, 부흥과 사랑이 있었습니다. 그는 균형 잡힌 설교자였고, 눈물의 사람이었고, 기도의 사람이었습니다. 그는 성경을 사랑했고, 잘 가르쳤고, 성경대로 살았고, 사람을 세워 주었습니다. 청년을 하나님의 사람으로 만드는 꿈이 있었습니다. 그의 설교를 통해 많이 울었습니다. 그분의 눈물과 조언, 설교와 조용한 권면이 눈과 귀에 선합니다.

믿음의 가정을 꿈꾸는 사람, 믿음의 자녀를 낳아 기르고 싶은 사람, 신학을 공부하는 사람, 목회자가 꿈인 사람, 대형 교회 담임 목사님과 부목사님들, 선교로 세상을 뒤집어 놓기 원하는 사람, 선교단체 지도자들은 이 책을 읽어 보기를 권합니다. 무엇보다 설교대로 살고 싶은 사람은 이 책을 꼭 읽어 보시기를 권합니다.

박갑윤 형제
(National F.P 사장 · 배형규 목사의 대학 후배이며 샘물공동체를 함께 섬김)

"내 친구, 배형규"

저는 이 말만으로도 가슴이 저립니다. 그리움으로 통증이 멈추지 않습니다. 눈물이 흐릅니다. 배 목사님의 입관예배 때 제 바로 옆에서 절규하며 기도하시던 박원희 목사님의 목소리가 지금도 귓전에 맴돕니다. 그의 기도는 차마 입 밖으로 낼 수 없던 저의 마음이었습니다.

나의 스승이자 박 목사님의 사랑하는 친구인 배 목사님은 그리스도 사역의 정점에 있었습니다. 그리고 나와 내 친구들, 박원희 목사님은 배 목사님 사역의 정점에 있었습니다. 예수 그리스도 사역의 정점을 살았던 사도들의 삶이 그러했고, 예수 그리스도 사역의 정점을 살았던 배 목사님이 그러했듯이, 예수 그리스도 사역의 정점을 살고 있는 우리의 삶 또한 그렇게 되기를 기도합니다. 이 책은 저에게 천국의 맛보기이자 기쁨이요, 아픔이고 눈물이자 가슴 시린 그리움입니다.

유수경 자매
(수원시립교향악단 단원 · 배형규 목사가 양육한 지체)

배형규 목사님으로 인해 세상이 줄 수 없는 평안을 알게 됐고, 하나님과 더 깊은 교제를 하게 되었습니다. 제겐 하나님께로 가는 연결 통로였는데, 제게 주신 마지막 선물은 이젠 나도 누군가의 연결 통로로 사는 은혜입니다.

단 한 번만이라도 보고 싶은 배 목사님……. 박원희 목사님 글을 통해 그렇게 그립던 배 목사님과 만나는 기쁨을 누렸습니다. 이 책을 통해 저를 하나님 앞에 가까이 가게 해주셔서 감사합니다.

최윤선 자매
(National F.P 부사장 · 배형규 목사가 양육한 지체)

사랑하는 ______________ 에게

사랑하는 ______________ 에게

기출·유

기출·유